Alexandre Bianchi

O MANUAL DO CRIPTOINVESTIDOR

Alexandre Bianchi

O MANUAL DO CRIPTOINVESTIDOR

O PASSO A PASSO COMPLETO PARA INVESTIR
COM SEGURANÇA E LUCRATIVIDADE NO CRIPTOMERCADO

APRENDER – INVESTIR – SEGURANÇA – LUCRATIVIDADE - LIBERDADE

VERMELHO MARINHO
Rio de Janeiro
2022

Autor
Alexandre Bianchi

Editor-chefe
Tomaz Adour

Consultoria de escrita:
Central de Escritores: Rose Lira, João de Almeida Neto, Pedro Castellani e Gabriella Maciel Ferreira

Diagramação
Marcelo Amado

Fotografia de Capa
Pixabay

Capa
Marcelo Amado

Dados Internacionais de Catalogação na Publicação (CIP)
Fabio Osmar de Oliveira Maciel – CRB-7 6284

B577m

Bianchi, Alexandre
O manual do criptoinvestidor: o passo a passo completo para investir com segurança e lucratividade no criptomercado / Alexandre Bianchi. – 1. ed. – Rio de Janeiro : Vermelho Marinho, 2022.
180 p. ; 21 cm.

ISBN 978-65-86082-73-9

1. Investimentos. 2. Criptomoedas. 3. Bitcoin. 4. Transferência eletrônica de fundos. I. Título.

689-046-22 CDD : 332.178

Índice para catálogo sistemático:
1. Economia : Moedas digitais 332.178

VERMELHO MARINHO
EDITORA VERMELHO MARINHO
Avenida Gilka Machado, 315 – bloco 2 – casa 6
Recreio dos Bandeirantes – CEP: 22795-570
Rio de Janeiro – RJ

Dedico este livro a todas as pessoas que já investem ou pensam em investir no mercado de Criptomoedas, tornando-o possível e real, na busca de conquistar seus maiores sonhos e objetivos, através de conhecimentos, fundamentos e princípios que geram resultados com maior liberdade financeira, geográfica e temporal.

AGRADECIMENTOS

Agradeço primeiramente a Deus, por me escolher e me apoiar nessa missão de educar e transformar milhares de pessoas no Brasil e no Mundo afora sobre esse magnífico e novo mercado financeiro que é o Mercado de Criptomoedas.

A minha família que sempre me apoiou e acreditou em mim, principalmente minha mãe, que me ensinou a importância da consistência e da batalha diária para vencer e prosperar, e meu pai que me ensinou a ser um homem de caráter e honesto.

A minha namorada, que me conheceu quando todo esse projeto ainda nem existia, aos meus mentores e amigos empresários que me fizeram enxergar e chegar aonde eu jamais imaginaria que seria possível chegar.

SUMÁRIO

PREFÁCIO

Em um Brasil aonde o salário médio entre a população é de menos de R$ 1.500, onde o nível de inflação chega aos patamares de 12% ou mais anuais com frequência, onde o percentual de famílias endividadas chega a mais de 70% e o desemprego não diminui para menos de 10%, é de se esperar que a maior parte da população esteja tendo comportamentos, atitudes e modelos mentais no mínimo errados quando o assunto é dinheiro.

Longe de eu ser um grande expert em finanças pessoais, mas o que eu quero aqui é abrir de fato a mente do leitor a pensar e agir diferente. As atitudes e pensamentos que te trouxeram até aqui, aonde você está hoje, não vão ser o que vai te levar para a realização dos seus próximos objetivos e sonhos. Como diz Albert Einstein, insanidade é continuar fazendo sempre a mesma coisa e esperar resultados diferentes.

E uma das chaves que me fizeram sair de uma vida deprimida, da crise, do desemprego há alguns anos, foi aprender a ganhar dinheiro online na internet; acredito que atualmente, no meio desse boom do home-office, o mínimo que cada pessoa deveria saber é como plugar uma nova fonte de renda extra de casa.

Existem uma infinidade de maneiras de você aprender essa proeza, mas a que eu tenho autoridade para te ensinar e a que eu vou te mostrar nesse livro é como ganhar dinheiro com criptomoedas com segurança.

Através das operações bem sucedidas no criptomercado, existe a possibilidade de você ganhar dinheiro de forma escalável de qualquer lugar do mundo ou no conforto de casa, fazendo seu próprio horário e tendo mais tempo de qualidade com sua família e sem depender de chefes.

E, além disso, você automaticamente estará adicionando mais uma camada de diversificação em sua carteira em um novo mercado financeiro, estará adicionado uma reserva de valor em seu tão suado patrimônio, onde estará protegido da inflação e terá uma parte do seu dinheiro fora das garras do governo.

Consequentemente, estará iniciando assim a sua tão sonhada jornada rumo a sua independência financeira, liberdade geográfica e de tempo. Sim, isso é possível, isso é o criptomercado e eu quero te convidar agora a aprender como funciona esse magnífico novo mercado.

"É próprio de homens de cabeças medianas investir contra tudo aquilo que não lhes cabe na cabeça."
— Antonio Machado, poeta espanhol modernista.

SEGURANÇA E LIBERDADE ONDE ESTIVER QUEM NÃO QUER?

— Vou investir em Bitcoin!

Quantas vezes você já ouviu essa frase de um amigo nos últimos anos? Talvez muitas, talvez nem tantas. Talvez você tenha sentido certa curiosidade em entender mais sobre o investimento ou tenha torcido o nariz, por medo de que fosse algum tipo de "golpe" ou "pirâmide financeira", já que a mídia tem mostrado uma face não tão bonita do mercado, desses e outros ativos, no qual estelionatários atuam.

Fato é que se você sentiu certo receio com relação a investir em Bitcoin ou qualquer outra criptomoeda, não vou lhe julgar por isso. Eu mesmo já reagi com descrédito a esse tipo de investimento nas primeiras vezes que ouvi falar dele. Mas a busca por informação e a descoberta do quão seguros e vantajosos podem ser esses ativos, mudaram não apenas a minha mentalidade, mas a minha vida e a minha área financeira como um todo. Por isso, creio que vale a pena eu começar este livro contando um pouco da minha história.

≡

Bem, para falar da minha relação com as criptomoedas, devo lembrar do caminho que estava fazendo na época em que as conheci.

Estava concluindo os meus estudos no colégio e não tinha a menor ideia do curso que faria na faculdade. E por isso, pensei:

— Preciso escolher um curso para fazer. Existe alguma faculdade, onde aqueles que não sabem com convicção o que querem fazer, geralmente se refugiam?

Sei que muitas pessoas podem responder a essa minha pergunta apontando o curso de "Administração de Empresas". Mas no meu caso, acabei fazendo um tipo de pit-stop na Engenharia Ambiental. Como foi uma escolha feita em um tipo de "roleta russa dos cursos", ocorreu exatamente aquilo que já havia grande risco de acontecer: me frustrei com o mesmo. Sempre fui péssimo em matemática e qualquer outra matéria que me exigisse conhecimento em cálculos. Conclusão: saí na segunda semana de curso e acabei voltando ao mapa de tantos outros jovens indecisos quanto ao seu próprio futuro: prestei vestibular para ADM (Administração de Empresas), passei e me matriculei.

Como boa parte dos meus parentes são funcionários públicos, a faculdade de administração me dava certa esperança de prestar concurso em alguma área e me beneficiar com a tão sonhada estabilidade financeira de que tanto ouvi falar durante a minha infância e adolescência. Então, meu plano de vida parecia estar traçado:

— Vou terminar a faculdade em 2016, prestar um concurso para a Petrobras, BNDES ou algum outro órgão público, ganhar meus R$10 mil por mês e depois me aposentar, assim como meus parentes estão fazendo.

Porém, de 2012 até metade de 2016, o cenário da economia brasileira mudou bastante e, apesar de ainda ser vantajosa, a tal estabilidade financeira dos concursos públicos parecia se tornar cada vez mais difícil de ser alcançada. Os concursos públicos ficaram escassos e o desemprego atingiu níveis ainda mais alarmantes.

Durante esses quatro anos, cheguei a estagiar durante um ano e meio em uma empresa e me formei em 2016 como planejado, mas sem emprego e sem qualquer opção de concurso público para prestar.

Então, decidi buscar oportunidades em outras opções disponíveis. Fiz MBA em Logística e um curso de Marketing Digital. Estava me dedicando a essa área, quando um amigo começou a falar em Bitcoin. No segundo semestre de 2017, apesar dessa criptomoeda estar mais conhecida no mercado, ainda não tinha se tornado um investimento tão valorizado como é hoje. Como eu me guiava nesse assunto mais pelo que ouvia dizer do que por pesquisas sérias, cheguei a pensar:

— A ideia é até bem inovadora, mas parece muito difícil de entender o funcionamento. Isso vai me dar muito trabalho. Vai ser uma perda de tempo.

Mas o tempo foi passando, as notícias sobre Bitcoin não paravam de chegar a mim e essa criptomoeda se valorizava mais a cada dia. Então, decidi fazer um teste e, como é normal ocorrer com todo iniciante que tenta algo sem uma boa orientação, perdi a pequena quantia que havia investido, porque a moeda começou a desvalorizar. Mas aí eu não desisti... continuei nesse mercado, pesquisando, buscando descobrir o melhor caminho para investir nele com segurança e, com o tempo, fui obtendo bons resultados.

Poucas semanas depois, algumas criptomoedas na qual eu tinha investido tiveram uma poderosa valorização, mas uma cripto em específico, a Tron, era de longe a campeã no meu portfólio. Além de eu ter me identificado com o projeto, a tinha comprado valendo menos de 0,01 centavos de dólar e ela chegou a ultrapassar o marco de 0,20 centavos, uma alta de mais de 2.000% apenas nesse ativo na minha carteira. Lembro-me que na época já existia alguns grupos no Facebook exclusivos para debates de algumas criptomoedas e eu tive uma intuição, me perguntei o seguinte... "Se eu já venho estudando e tendo resultados com a Tron e se já existem alguns grupos para determinadas criptomoedas, por que eu não crio um grupo no Face exclusivo dessa cripto?" E assim foi, perguntei a alguns amigos que na época investiam comigo se eles queriam ser moderadores do grupo e me ajudar nessa nova empreitada, os três recusaram e deram para trás, mas não desanimei, segui em frente com a ideia e foi um sucesso; após alguns anúncios e somado ao hype da valorização que essa cripto vinha tendo no mercado, meu grupo no Facebook saiu de zero para mais de 4.000 pessoas em menos de um mês, fora os grupos no WhatsApp que eu havia também criado e proporcionaram bons engajamentos.

De certa forma, trabalhei de graça para a empresa que havia lançado a criptomoeda, mas foi uma experiência bastante positiva, de muito aprendizado e também de crescimento financeiro. Na época, eu havia investido cerca de R$3.000,00 no mercado e em menos de três meses, diversas criptos em que eu estava investindo cresceram bastante, de forma que, somando os rendimentos delas, R$52.000,00 foram acrescentados à minha conta na operadora, ou seja, obtive um crescimento de mais de 1.735%. Os resultados conquistados foram uma grande motivação para continuar investindo ainda mais no mercado promissor de criptomoedas e serviram como um forte sinal de que poderia fazer dessas operações a minha principal fonte de renda.

Foi então que pensei: "Cara, se eu tenho uma experiência entre os níveis iniciante e intermediário e já consegui fazer essa quantia de dinheiro, imagina se eu me aprofundar nisso! Vou explodir, decolar". Foi então que comecei a dedicar ainda mais tempo à audiência que eu havia formado nas redes sociais e nos grupos de WhatsApp, a criar meu canal no Youtube e investir em meus próprios cursos.

Sem dúvidas, foi um momento significativo e que envolveu grandes mudanças para mim. Digo isso porque a minha história com as criptomoedas é formada por uma sequência de superações de crenças limitantes.

- Primeiramente, precisei superar a crença de que as criptos não iriam apenas ser "fogo de palha" ou muito complicadas, difíceis de operar.
- A segunda crença que precisei superar foi a de que eu ainda não tinha conteúdo e conhecimento suficiente para lançar o meu próprio curso e vender para a minha audiência.
- Em terceiro lugar, saber que posso gerar bons resultados. Quando falo em resultados, não me refiro apenas ao ganho financeiro em si, mas também às conquistas em outras áreas como, por exemplo, a liberdade de poder trabalhar de qualquer lugar do mundo que tenha conexão à internet.

≡

Penso que não só eu precisei mudar minhas crenças em relação a alguns posicionamentos e mudanças de paradigmas, a nossa sociedade como um todo está atravessando momentos que exigem de todos uma mudança de olhar. Um novo olhar para os investimentos e encontrar respostas novas para questões novas, que na verdade, nem são tão novas assim, mas chegou o tempo de enfrentar um cenário que nos exige uma nova maneira de pensar e novas posturas.

O Brasil enfrenta, de tempos em tempos, altas taxas de desemprego, endividamento e o monstro da inflação. Por isso, eu entendo que o mínimo que todos nós temos que fazer é **plugar uma renda extra 100% *online***, que independe de crise, pandemia ou qualquer tipo de problema. Com este formato é possível ganhar dinheiro, trabalhando de casa, sem depender de chefes, fazendo seu próprio horário e provendo sua própria segurança financeira.

De fato, dá para ganhar dinheiro assim. Com o método que ensino, dá para fazer inicialmente uma média de meio a um salário-mínimo por mês, de forma que esse ganho pode ser escalado à medida que o conhecimento sobre o manuseio das técnicas vai se aprimorando. Se o método for aplicado considerando os juros compostos, os ganhos podem virar uma bola de neve.

O objetivo final é ter independência financeira, com uma renda passiva que inicialmente cubra todos os gastos básicos do orçamento, podendo até vir a se tornar uma fonte de renda principal.

Essas questões são boas justificativas para as pessoas lançarem um novo olhar sobre o mercado financeiro e mais especificamente, sobre as criptomoedas, porque este é 100% aberto e flexível, ou seja, permanece funcionando 24h por dia, o ano todo, trazendo flexibilidade para se investir independente da rotina da pessoa, de forma que o investidor não precisa abandonar o seu emprego para operar esses ativos. Se forem dedicadas cerca de duas horas diariamente, já é possível fazer dessas operações uma boa renda extra, de forma que ele fica livre para decidir se esse extra se tornará o principal ou se continuará apenas como um plus.

Por isso convido você a ler sobre o investimento em criptomoedas, clarificar suas dúvidas sobre aquela que pode ser a oportunidade para a sua independência financeira. Desejo lhe encorajar a atuar no mercado que mais cresce no mundo, sendo ele totalmente aberto, flexível, descentralizado e líquido, com uma movimentação diária de uma média de 32 bilhões de dólares.

Tenho certeza de que o **Manual do Criptoinvestidor** lhe fornecerá o passo a passo para investir no mercado financeiro que mais se valoriza no mundo.

Alexandre Bianchi

EXPERIMENTAR É AGIR

PARTE 1

1

CRIPTOINVESTIMENTO TEM FUNDAMENTO

Conceitos e fundamentos das criptomoedas

"Eu acho que o Bitcoin é o primeiro [dinheiro criptografado] que tem o potencial de fazer algo como mudar o mundo"

— Peter Thiel, cofundador do PayPal

O mercado de criptomoedas é promissor, lucrativo e tem um potencial surpreendente. Porém, ainda enfrenta resistências de uma parcela considerável da população e eu confesso que entendo aqueles que ainda resistem, porque um dia, eu também fiz parte desse grupo.

A verdade é que essa resistência não está associada simplesmente ao Bitcoin ou qualquer outra criptomoeda, mas sim à dificuldade do ser humano em aceitar o novo. Desde o surgimento de um novo sistema até a sua aceitação como um modo seguro de operação, há um processo que ocorre e pode ser visto ao longo da nossa história.

Nos tempos mais primórdios da humanidade, as pessoas faziam negócios por meio de trocas ("escambo"). Um pastor de ovelhas ia ao mercado para trocar lã por carne, ovos e leite; um agricultor ia ao mercado para trocar seus legumes por ferramentas; um tapeceiro ia ao mercado para trocar seus tapetes por couro e assim por diante.

Porém, com o passar do tempo, fez-se necessário mais agilidade nas negociações e o escambo atrasava esse processo. Sendo assim, foi adotado o uso de um elemento comum de troca. Moedas fabricadas com ligas metálicas passaram a ser usadas com essa finalidade. Então, o pastor de ovelhas já não precisava mais levar uma grande quantidade de lã ao mercado para comprar comida e sim algumas moedas, que ele já havia recebido da pessoa que havia comprado parte de sua produção.

Fato é que o dinheiro não teve aceitação imediata das pessoas. Afinal, se alguém segue um sistema durante décadas e se depara com uma mudança tão "radical", precisa de tempo até se acostumar com a novidade. Por isso, o agricultor que passou tanto tempo trocando seus legumes por tecidos no mercado, precisou de um outro tempo considerável até entender que aqueles ciclos de metal substituíam seus produtos - e qualquer outro produto ou serviço - nas negociações. Bastava variar a quantidade de moedas para comprar cada mercadoria.

Depois de séculos se acostumando a uma moeda visível e centralizada, ligada a governos, após o dinheiro em papel e as transações bancárias, a humanidade se vê diante de uma nova proposta, a criptomoeda, a qual considero que merece a nossa atenção, principalmente em momentos de instabilidade econômica, que não apenas o Brasil, mas o mundo de forma geral pode viver devido a vários fatores.

Mas quais as maiores barreiras que enfrentamos diante de épocas disruptivas? Quais as crenças limitantes existentes na sociedade, em que o assunto do investimento em criptomoeda se depara? São muitas, mas não pretendo esgotar o assunto, apenas expor de forma panorâmica as mais comuns.

CRIPTOINVESTIMENTO NÃO É DINHEIRO FÁCIL

Bem, apesar de muito promissor e lucrativo, o mercado de criptomoedas ainda enfrenta algumas barreiras para conquistar a aceitação de seus possíveis investidores. Muitas vezes, essas barreiras são formadas por crenças limitantes, como "é muito difícil e complicado".

Como citei anteriormente, eu mesmo fui resistente à ideia de investir em criptomoedas na primeira vez que ouvi sobre o assunto. Meu amigo, chamado Anderson, comentou sobre um novo tipo de moeda, chamado Bitcoin, e eu não acreditei que seria uma boa ideia.

— Cara, isso aí é coisa de doido. Esse papo de investimento descentralizado, criptomoeda e todas essas coisas. Não deve ser nada demais, além de ser complicado - eu pensei inicialmente.

Mas enquanto eu via diversas notícias surgindo sobre o assunto, decidi pesquisar mais sobre esse mercado e foi justamente **a informação** que me libertou das crenças limitantes para começar a investir.

Então, creio que antes de começarmos a nossa leitura sobre o mercado de criptomoedas, é importante manter a mente aberta e se libertar de julgamentos preconcebidos sobre o assunto, porque ao longo dessa obra, vamos ver de forma bastante prática o quanto esse mercado pode contribuir com a minha, a sua, a nossa liberdade financeira.

Proponho essa abertura logo no início da nossa leitura, porque elas afetam a nossa paciência e sagacidade para aproveitar bem as boas oportunidades que surgem em nossa vida. Se na época em que Anderson me falou sobre as criptomoedas, eu tivesse fechado totalmente os ouvidos para esse tipo de investimento, provavelmente ainda hoje eu estaria desempregado e passando apertos.

> Se o mercado de criptomoedas foi como um divisor de águas na minha história, também pode ser na sua.

Então, apesar das pessoas acharem que operar criptomoedas é algo "muito difícil e complicado", os investimentos nesse ativo já são uma realidade inquestionável no Brasil. Além disso, esse é um mercado de trilhões de dólares, tendo atualmente, no país, mais investidores que a própria Bolsa de Valores.[1]

Reconheço que o mercado de criptomoedas é um pouco mais volátil e disruptivo, mas o investidor que opera com **técnica, informação e conhecimento** vai conseguir desenvolver e deslanchar.

Outra crença limitante, que acaba impedindo muitos de se tornarem bons investidores de criptomoedas é a ideia equivocada de que "é tudo parte de uma pirâmide financeira". Bem, eu entendo que há pessoas mal-intencionadas em todas as áreas e esse mercado não está isento da ação de golpistas. Porém, afirmo que grande parte da mídia tem sido parcial em dar destaque apenas para duas ou três laranjas podres do cesto, enquanto há muitas outras maduras ou em processo de amadurecimento para um bom tempo de consumo.

1 Fontes: Globo.G1, 20/01/2018 21h09 <https://g1.globo.com/economia/educacao-financeira/noticia/bitcoin-ja-tem-mais-que-o-dobro-de-investidores-da-bolsa-no-brasil.ghtml> <https://coinmarketcap.com/>

Com isso, aqueles que ainda não se informaram a fundo sobre o assunto e recebem as notícias por canais de comunicação de forma rasa, olham para as criptomoedas e pensam: "Eu que não vou me envolver com esses investimentos. Sempre soube que era golpe!"

Lembro-me que ao começarem a surgir na TV aberta as notícias sobre golpes com criptomoedas, minha mãe ficou preocupada comigo.

— Alexandre, é com isso que você está mexendo, menino? Você toma cuidado! - disse ela.

— Calma, mãe. Não se preocupa. Essa notícia está falando de golpistas e o meu trabalho é seguro.

Por isso, assim que as pessoas compram o meu curso, trato logo de avisar que não é pirâmide financeira, que não é impossível ganhar dinheiro com criptomoedas, mas que também não é dinheiro fácil como muitos chegam a pensar, exige estudo e dedicação.

CRIPTOMOEDAS: NEM TUDO É BITCOIN!

Mas enquanto estamos aqui lendo sobre criptomoedas, você pode estar se perguntando o que exatamente são elas e como surgiram.

Bem, como você já deve imaginar, a primeira delas foi o Bitcoin, que surgiu após a crise imobiliária dos Estados Unidos de 2008. O cenário econômico, que deixou a população em alerta, levou as pessoas a pensarem na possibilidade de não dependerem do dinheiro convencional, centralizado nas mãos de governos. Essa busca por outras opções se justificava pelo fato de que a moeda convencional é altamente inflacionável e também manipulável quando os governantes têm intenções escusas com a economia.

Então, depois de algumas tentativas e fracassos de criar uma moeda descentralizada (porque não existe um órgão ou governo para controlar) e digital (porque só existem na internet, não podem ser tocadas), finalmente, Sakoshi Nakamoto – que até hoje, por motivos ainda inexistentes, não sabemos se é uma pessoa ou um grupo – criou o Bitcoin e essa foi a primeira criação bem-sucedida de uma criptomoeda.

"***Criptomoeda*** *é o nome genérico para moedas digitais descentralizadas, criadas em uma rede* blockchain a partir de sistemas avançados de criptografia que protegem as transações, suas informações e os dados de quem transaciona" – Vitor Leite, Content Writer no Nubank

O Bitcoin veio com diversos outros atrativos, entre eles, o fato de ser inconfiscável, 100% descentralizado e mais seguro. Tal segurança é um fator que soou como uma resposta pulsante contra esse sistema, que ao longo dos anos prejudica a população. Essa primeira criptomoeda bem-sucedida surgiu como uma proposta atraente e disruptiva.

Imagine o cenário crítico que se formou no Afeganistão quando o Talibã tomou o governo do país em agosto de 2021. O sistema bancário afegão foi totalmente confiscado pelo grupo terrorista e quem não tinha investimentos além do afegane (moeda local), se viu em sérios apuros financeiros.

Sei que a situação parece um tanto incomum para alguém que vive no Brasil ou qualquer outro país que não esteja sob a dura realidade de sistemas fundamentalistas, mas situações imprevistas – como o próprio nome sugere – surgem inesperadamente e investir em uma moeda descentralizada e inconfiscável é uma boa estratégia para se prevenir também contra possíveis cenários críticos sistêmicos.

Como vivemos em um mundo predominantemente capitalista, as pessoas já começaram a pensar em como poderiam acumular Bitcoins e foi justamente a alta demanda dessa moeda que levou ao surgimento de outras criptos – o que na minha opinião é muito positivo.

É bem verdade que todas essas criptos se inspiraram na de grande sucesso, que é o **Bitcoin**, mas o investimento nesse mercado se fortalece a cada dia, justamente porque nem tudo se resume a esse primeiro ativo. Nos últimos anos, diversas criptomoedas ganharam força considerável, se tornando também ótimas opções de investimento, como o Ethereum, a Binance Coin e a Avalanche, e assim por diante. E vendo o surgimento dessas outras criptos, você pode se perguntar: "Mas como elas concorrem e se relacionam entre si no mercado?"

Bem, atualmente, cada uma dessas novas criptomoedas tem um propósito específico de atuar em um determinado nicho. Então, são criadas criptos somente para ser usadas no futebol e até mesmo exclusivas para jogos online, por exemplo. Por isso, à medida que esses mercados crescem e ganham força, essas criptomoedas tendem a se valorizar e, consequentemente, potencializam as bancas de seus investidores.

Fato é que cada nova criptomoeda é criada para resolver uma demanda específica do mercado. No caso do **Ethereum**, ele foi criado para resolver a necessidade de execução de contratos inteligentes de forma automatizada e aplicações descentralizadas. Essa criptomoeda marcou início ao que chamamos hoje de Revolução das Finanças Descentralizadas.

Outro exemplo de criptomoeda nichada são os Fãs Tokens, que são usados por torcedores dos times de futebol. Então, suponhamos que o Flamengo cria um mecanismo para a sua torcida desfrutar de um tipo de clube de vantagens dentro do time. Dentro desse sistema, os torcedores usam essa criptomoeda para fazer suas compras, fazer reservas e obter cupons.

Por isso, vale lembrar que as criptomoedas não têm a finalidade de circular no mercado convencional e fazer exatamente a mesma função do dinheiro, mas sim de serem um investimento de curto prazo (**daytrade**) ou como investimento de diversificação a longo prazo, e podem ser utilizadas como forma de pagamentos em nichos específicos.

Em meu ponto de vista, acho muito difícil que no futuro as criptos venham a substituir por completo as moedas convencionais, porque devem continuar como uma forma de investimento de mercado financeiro. Apesar do criador do Bitcoin até ter cogitado essa possibilidade de substituição, analisando a forma como o mercado tem se desenvolvido, não é vantajoso usá-la como meio de pagamento e sim como meio de fazer o dinheiro render. Digo isso porque considero a valorização de criptomoedas com bons projetos uma realidade cada vez mais evidente no mundo inteiro. Sendo assim, pagar uma compra comum com esse ativo é como se desfazer de um investimento que está rendendo e fazendo o dinheiro do investidor se multiplicar. Simplesmente não faz sentido.

O EXEMPLO DA VENEZUELA

Além da criptomoeda – primeiramente representada pelo Bitcoin – ter sido uma resposta, como uma ideia de uma moeda forte, ela se tornou também uma **moeda sonante**, o que indica que ela é deflacionária e não inflacionária, tendendo muito mais a se valorizar do que se desvalorizar.

Na história da humanidade, diferentemente do dinheiro, o ouro foi uma moeda sonante, já que enquanto a impressão de dinheiro e o aumento deste na circulação aumentam a inflação e desvalorizam o dinheiro, o ouro precisava ser explorado e encontrado, o que o tornava mais valioso.

O que acontece com as criptomoedas é algo semelhante. O Bitcoin, por exemplo, foi criado com uma oferta fixa de

21 milhões de unidades e não vai passar dessa quantidade. Então, à medida que a demanda dessa cripto aumenta, ela se valoriza, deixa de ser suscetível à inflação e se torna uma reserva de valor, como se fosse um "ouro digital".

Dessa forma, não há o risco dessa moeda praticamente virar pó, como ocorreu na Venezuela. Imagine que um empresário venezuelano tenha se tornado milionário com seus negócios no país. Trabalhou uma vida inteira para acumular sua riqueza. Porém, uma grave crise econômica recaiu sobre o país e a inflação atingiu um nível tão crítico que se tornou irrecuperável. Todo aquele dinheiro que ele possuía passou a valer praticamente nada, porque o Bolívar Venezuelano (moeda ainda vigente no país) desvalorizou muito. Então, como esse homem tinha todas as suas finanças baseadas na moeda local de seu país, em menos de um ano passou de milionário a miserável.

Imagine se essa pessoa tivesse investido em moedas descentralizadas e livres da manipulação de governos. Sua fortuna – ou pelo menos boa parte dela – estaria preservada ou até mesmo teria aumentado, a depender da valorização das criptos em que ele tivesse investido.

Uma das principais características das criptomoedas: Ser uma moeda deflacionária.

É bem verdade que na época em que a Venezuela embarcou nessa forte crise, as criptomoedas ainda não eram uma realidade acessível a todos. Porém, esse cenário crítico em que o país latino-americano se colocou ainda tem muito a nos ensinar sobre investimentos. E o que eu considero como o principal deles é: não devemos deixar todo o nosso investimento em apenas uma moeda.

Esse milionário que se tornou miserável poderia também ter investido em Dólar ou Euro, por exemplo, que apesar de também serem moedas inflacionárias, já eram opções bem mais seguras que o Bolívar na época.

Fato é que o conceito de investir em Bitcoin, nada mais é do que a evolução de uma visão que entende a importância de não restringir os investimentos a somente uma moeda. E como agora temos acesso a moedas deflacionárias, estas opções de investimento se tornam ainda melhores que as moedas ligadas a governos, como o Real, Dólar, Euro, entre outras.

> Não apenas o conceito das criptomoedas, mas o conceito de reserva de valor e ativo inconfiscável, inerente ao bitcoin, precisa ser passado para toda a população brasileira, pois esses conceitos potencializam ainda mais a segurança em uma carteira diversificada de investimentos.

AINDA ASSIM, ESTÁ "ESTRANHO"?

É possível que mesmo após essas explicações, você ainda esteja se perguntando: "Mas então, como acreditar nas criptomoedas, já que elas não são como o dinheiro, que pode ser manuseado e guardado em forma de metal ou papel?"

Bem, primeiramente, acho válido lembrar que atualmente a maior parte do nosso dinheiro são apenas dígitos em computadores e que não há toda aquela quantia impressa em papel dentro dos cofres dos bancos. Além disso, hoje em dia, contas são pagas diretamente pelos aplicativos nos celulares e até mesmo os cartões de crédito estão sendo substituídos por esses dispositivos que fazem pagamentos por aproximação. Por isso, essa ideia de solidez que ainda se tem sobre o dinheiro está cada vez mais ilusória. Não há porque estranhar o fato de as criptomoedas não terem uma apresentação física nos dias atuais.

Porém, falando como alguém que um dia já torceu o nariz para esse tipo de investimento, por achar "**sem sentido**", creio que é justamente com a informação séria que encontramos o sentido para esse tipo de investimento, vale a pena abrir a mente e buscar compreender mais sobre o assunto, porque à medida que obtemos conhecimento a respeito das criptomoedas, entendemos que é importante ter cautela nesse mercado assim como em qualquer outro – porém também entendemos que essa é uma área extremamente lucrativa e promissora que não deve ser deixada de lado de forma preconceituosa.

Quando eu entrei no processo de desfazer as minhas crenças limitantes e comecei a investir no mercado de criptomoedas, confesso que não esperei saber tudo sobre ele para iniciar. À medida que eu aprendia algo novo, já tentava colocar em prática com valores pequenos, um risco baixo e os resultados que alcançava inicialmente – ainda que relativamente pequenos – já me serviam de grande incentivo para continuar. E isso só prova que esse universo das criptos é imenso e cheio de possibilidades. Ser reducionista em relação a este mercado significa perder oportunidades.

Por isso, reforço que parte dessa quebra de objeções também envolve o alerta de que o mercado de criptomoedas não tem nada a ver com dinheiro fácil a curto prazo e sim uma alta rentabilidade a longo prazo, como resultado de muito estudo, dedicação e prática.

É VOLÁTIL, MAS ISSO É BOM!

Como ocorre com outros tipos de investimento, as criptomoedas podem ter uma volatilidade notável, que talvez assuste um pouco os investidores iniciantes. Mas insisto em afirmar que é justamente essa volatilidade que torna as criptos um investimento de alto potencial.

Sem dúvida, considero a volatilidade um dos grandes ouros do trader[2], porque quanto mais volátil for a cripto – se o investidor souber operar da melhor forma –, mais possibilidade de ganho ele terá. Então, para ganhar dinheiro como daytrader[3] nada melhor do que o mercado de criptomoedas, porque além de ser bastante volátil, é 100% aberto.

> Volatilidade não é o problema das criptos, é a solução, porque é exatamente nela que moram os altos ganhos.

Quem opera no mercado financeiro precisa entender que o mercado tem seus altos e baixos e que é possível operar muito bem nesses dois cenários. Então, suponhamos que uma pessoa tenha feito seu primeiro investimento em uma criptomoeda que tinha até um projeto consolidado e foi bem indicada. Ele investiu certa quantia, esperando que aquele ativo lhe trouxesse bons rendimentos. Inicialmente, o valor da moeda subiu, ela se animou e até investiu um pouco mais. Porém, dentro de alguns meses, o valor teve uma queda e por medo de perder dinheiro, ela tirou o dinheiro desse investimento. Fato é que dentro de poucos meses, a cripto voltou a subir e rompeu uma barreira,

2 **Trade**: Operação de compra ou venda no mercado financeiro.

3 **Daytrader**: Compra e venda no mesmo dia.

que possibilitou que seu preço disparasse. A frustração dessa pessoa foi inevitável, afinal, ela entendeu que tirou o dinheiro da cripto no momento errado, movida pelo desespero. Se tivesse buscado informação, um profissional competente na área, teria recebido orientação de não vender suas criptos e sim de comprar mais, já que estava em queda e havia uma tendência de alta novamente. Mas todo esse efeito só é possível devido à **volatilidade** desse mercado.

Por isso, um fator muito importante para se ter em mente quando o assunto é volatilidade é a escolha dos bons projetos e ter uma perspectiva de tempo, definindo se será a longo ou curto prazo.

Então, para os meus alunos eu falo o seguinte: é preciso ter dois **setups**[4] diferentes, um de curto prazo, que é o ***daytrade***, não importando se vai cair, porque o tempo de entrada e saída é muito breve, e o de longo prazo, que é o ***holding***, visando a evolução de uma criptomoeda ao longo dos meses.

VOLÁTIL, MAS SEGURO, PODE ACREDITAR!

Considero que as criptomoedas de projetos consolidados no mercado atualmente estão entre os investimentos mais seguros do mercado financeiro e faço essa afirmação porque basta olhar o número de bilionários que já estão nesse mercado. O fundador da Tesla, Elon Musk, é um bom exemplo, já que a companhia dele está usando Bitcoins para diversificar seu capital. Segundo a CNN Internacional, durante um evento totalmente dedicado à criptomoeda, o empresário se descreveu como um "um defensor do bitcoin e da ideia das criptomoedas em geral".

4 **Setup**: metodologia desenvolvida pelo trader para automatizar a tomada de decisão com base em diversos indicadores e movimentos de mercado.

Além disso, a própria Bolsa de Valores já criou um fundo de investimentos baseado em um índice de Bitcoin. Então, esse é um mercado cuja capitalização só vem aumentando ao longo do tempo, com um número de adesão crescente.

Como exemplo histórico, exponho uma linha do tempo breve para podermos entender seu crescimento:

- O mercado de Cripto em 2019 estava com uma capitalização por volta de 300 bilhões de dólares; em novembro de 2021, superou a marca de 3 trilhões de dólares. Então, cada vez mais o mundo inteiro está querendo investir nas criptomoedas.
- Segundo pesquisa da FGV e da Hashdex divulgada em 2021, as criptos perderam apenas para aplicações em ações (72,05% de incidência) e em títulos privados de renda fixa, como CDB (40,45%); [5]
- No caso do Bitcoin, por ele ter uma oferta fixa de 21 milhões e a demanda sempre tende a crescer, essa cripto deve atingir rapidamente a casa das centenas de milhões de dólares por unidade. Prova disso é que na crise da COVID-19, em 2020, uma unidade de Bitcoin estava valendo 3 mil dólares e atualmente vem quebrando máximas históricas de preço.

> **À medida que o investidor trabalha todo o potencial das criptomoedas, descobre que esse mercado não é o futuro e sim o presente. Por isso eu pergunto: vale a pena ficar de fora dessa revolução?**

5 Fonte: Site da Hashdex, https://www.hashdex.com.br/pesquisa-cripto-2021.

TEM SARDINHA AÍ?

Adentrar o mercado de criptomoedas pode trazer o investidor iniciante a um universo cheio de novidades e o fato dele se deparar com palavras até então desconhecidas pode deixá-lo um tanto perdido nesse período inicial. Por isso, separei alguns termos desse cenário, que pretendo trazer ao longo desse livro, formando um verdadeiro "cripto dicionário".

Um desses termos é o ***market cap***, que é um dos principais indicadores de credibilidade de uma criptomoeda. Porque ele mostra quanto de dinheiro do mundo de investidores está aplicado em determinada cripto. O Bitcoin, por exemplo, segue como o top 1 desse indicador, porque é o que tem mais dinheiro aplicado sobre ela atualmente.

Então, o market cap vai do top 1 até o top 20.000, na ordem do maior para o menor. Dessa forma, a lógica desse indicador – com raras exceções – é que quanto mais market cap uma criptomoeda apresenta, mais segura ela é e mais credibilidade ela tem.

SE CONECTE COMIGO

Confesso que o meu início no mercado de criptomoedas foi algo realmente desafiador, mas à medida que eu buscava mais informação, entendia melhor o potencial que ele tem e isso me ajudou a deixar que minha sagacidade falasse mais alto dentro de mim e permanecesse estudando e fazendo minhas tentativas de aprendizado.

Uma das primeiras criptomoedas que investi e obtive bons resultados foi a Tron. Enquanto obtive lucros cada vez maiores operando com ela, percebi que eu poderia divulgá-la mais no Brasil para aumentar os investimentos sobre ela, o que a deixaria ainda mais valorizada.

Como citei na introdução, eu já criei um grupo no Facebook, que rapidamente chegou a 4.000 membros. Essa repercussão do meu conteúdo me levou a buscar uma interação mais próxima com as pessoas e por isso criei um grupo no WhatsApp, no qual eu compartilhava vídeos e também divulgava o canal que eu havia criado no Youtube.

A reação das pessoas do grupo foi muito positiva e o meu público começou a crescer de uma forma impressionante, me vendo cada vez mais como autoridade quando o assunto é mercado de criptomoedas. Por meio desse grupo, eu comecei a ajudar de forma mais efetiva as pessoas com seus investimentos nas criptos e a explicar mais especificamente as vantagens da Tron.

Creio que esse foi o pontapé inicial para criar um vínculo mais próximo com a minha audiência. Confesso que inicialmente eu não imaginava chegar ao ponto em que estou hoje. A minha ideia era apenas compartilhar meus conhecimentos e fortalecer a cripto, pois eu também acabaria ganhando com essa estratégia, com o seu fortalecimento.

Mas o caminho que acabei trilhando foi muito melhor do que eu imaginava e hoje é gratificante ver a quantidade de pessoas que estão descobrindo no mercado de criptomoedas a chave para a sua independência financeira.

FALAAAA TUBARÕE$$$$...

Com a minha experiência no mercado de criptomoedas e a criação do meu próprio curso online, passei a ter não apenas a oportunidade de outra fonte de ganho, mas também de cumprir um propósito maior: contribuir para a mudança de vida de outras pessoas que eu nem mesmo conhecia.

Hoje, graças a Deus, ao voto de confiança de meus familiares e depois de muito esforço e dedicação de minha parte, sou uma das principais referências no assunto no Brasil, temos os cursos mais vendidos da América Latina, fui chamado para entrevistas em redes nacionais, passei a receber centenas de depoimentos de pessoas que compraram o meu curso online e encontraram no mercado de criptos uma forma segura e bastante rentável de investir.

Um desses depoimentos foi o do Alexandre Ghilardi, que participou do grupo de alunos e ressaltou a importância da troca de informações e demonstrou sua vontade e crença de que chegaria a resultados promissores.

Por isso afirmo, criptoinvestimento tem fundamento, resultados e um caminho seguro para experimentar e, com certeza, ficar.

2

EXPERIMENTE! NO MUNDO DIGITAL, INVESTIR É PRATICAR

O passo a passo para o investimento com criptomoedas

"Ainda pensando sobre o (Bitcoin). Não cheguei a nenhuma conclusão — nem endosso, nem rejeito. [Apenas relembro] que as pessoas também se mostraram céticas quando o dinheiro em papel substituiu o ouro"

— Lloyd Blankfein, diretor executivo da Goldman Sachs

Todos os dias, inúmeras pessoas deixam de entrar para o mercado de criptomoedas - o setor financeiro que mais se valoriza no mundo atualmente - devido a crenças limitantes e acusações infundadas, como já esclarecemos no capítulo anterior. Muitas pessoas se encontram diante dessa proposta magnífica de ganho, ainda respondendo: "Está bem, mas isso não é para mim".

Bem, o que costumo devolver a tais pessoas como forma de argumentação é que não é inteligente rejeitar uma proposta lícita sem a devida experimentação. Quando faço tal afirmação em forma de alerta, tenho em mente que ao longo da história até os dias de hoje, quem alcançou o sucesso de forma lícita, o fez porque simplesmente acreditou em uma proposta de negócio e se dispôs a tentar aprendê-la. Tais pessoas tinham a certeza de que seriam bem-sucedidas? Não. Mas se não ousassem tentar, também não teriam conseguido. Por essa e outras razões, sigo crendo que pior que fracassar é não tentar, por medo do fracasso.

Eu acredito que Deus dá oportunidades para todos, cada qual conforme suas capacidades. Ele cria portas e as destranca, porém não gira a maçaneta para abri-las de fato. O que quero dizer com isso é que parte do trabalho para o nosso sucesso somos nós mesmos quem temos de fazer. Há um preço a se pagar e nem todos estão dispostos a pagá-lo.

Tal pensamento sobre as oportunidades tem tudo a ver com o início da minha história no mercado de criptomoedas. Sim, é uma caminhada de sucesso porque eu reconheci a oportunidade que me foi dada por Deus e trabalhei sobre ela. Diferente do que muitos podem pensar sobre mim, não fui um jovem que nasceu "virado para a Lua" e recebeu a dádiva divina, despertando em uma bela manhã com esse presente sobre o meu colo, no qual Deus me disse:

— Pronto, Alexandre! Agora você tem mais de 100 mil inscritos no seu canal do YouTube e é um investidor bem-sucedido no mercado de criptomoedas.

De forma alguma! Não foi uma varinha mágica que Deus colocou em minhas mãos, para que eu fizesse tudo acontecer em um piscar de olhos. O que Ele fez – e serei sempre grato por isso – foi me abrir os olhos para a oportunidade valiosa que estava diante de mim e que por isso valeria a pena trabalhar para aproveitá-la bem. Mas para fazer acontecer, precisei ter perspicácia, perseverança e tomar diariamente a decisão de cumprir os objetivos que estabeleci para a minha vida.

Em grupos empresariais que frequento, percebo com frequência situações onde alguém passa uma sugestão ou informação que é ignorada pelos membros simplesmente porque os líderes não tiveram a paciência de buscar entender melhor a proposta para transformar a mesma em uma bela oportunidade. Da mesma forma ocorreu – e ainda ocorre – com criptomoedas, como o Bitcoin. Quem entendeu já no início a bela oportunidade que é esse mercado, quem teve paciência para entendê-lo, estudá-lo e teve perspicácia para ajustar as estratégias, hoje está colhendo os bons frutos dessa decisão.

> Hoje, a melhor forma de começar no mercado de criptomoedas é ter começado ontem.

O COMEÇO: ABRINDO UMA CONTA PARA OPERAR

Bem, visto que é importante não apenas visualizar a oportunidade como tal, mas também trabalhar diariamente sobre ela, vou apresentar, a partir de agora, um tipo de passo a passo, apontando o que é preciso fazer para iniciar as operações e de fato começar a investir no mercado de criptomoedas.

O Primeiro Passo a ser tomado é a abertura da sua conta em uma corretora, com o **propósito** de tornar possíveis as operações com criptomoedas. Você pode até estar pensando que estou gastando páginas e linhas aqui, expondo o que parece óbvio. Afinal, quem não saberia que é preciso ter uma conta assim para conseguir operar? Mas devo chamar a atenção aqui para uma questão importante, que não diz respeito apenas à conta em si, mas também à corretora.

Vejo muitos investidores iniciantes tendo sérios problemas com suas operações em razão de terem aberto suas contas em operadoras que não tem uma navegação tão rápida e dinâmica em suas plataformas, ou que não são tão ágeis com relação aos depósitos e saques dos correntistas. Sendo assim, recomendo novamente que você abra sua conta na corretora que eu mesmo uso: a Binance.

Por que eu recomendo a Binance? Porque é uma corretora já estabelecida no mercado, é de confiança, tem um suporte satisfatório – e em português –, tem um leque de variedades de criptomoedas muito bom, com opções de criptos que praticamente não são encontradas em nenhum outro lugar. O volume e a liquidez que se encontra na plataforma também são interessantes, além das funcionalidades.

Ao abrir sua conta em uma boa corretora como a Binance, você conseguirá cumprir muito bem o propósito principal desse passo, pois é na plataforma que de fato ocorrem suas operações, como investimento, compras, vendas, enfim, **o *daytrading*** como um todo.

Fato é que a corretora é como se fosse uma "casa de câmbio", na qual o investidor realmente irá **comprar e vender** os criptoativos.

Como **resultado** da abertura de uma conta em uma boa corretora, gosto de destacar o fato de que é por meio de tal ação que o trader e investidor conseguirá ter exposição **à** mais variada gama de criptoativos, que podem trazer a ele independência financeira, exposição ao dólar e a essa nova revolução que está acontecendo.

Em outras palavras, a abertura de uma conta para operações em criptomoedas pode resultar em uma nova fonte de renda para o correntista, dando a ele o poder de decisão para transformar - ou não - esta nova forma de ganhar dinheiro em seu trabalho principal, com muito mais possibilidades de ganho e lucros muito maiores, de forma que ele consiga realizar seus maiores sonhos. Uma possibilidade de renda descentralizada como essa pode livrar o investidor da crise, do desemprego e proporcionar a ele um desempenho mais rápido, com independência financeira, qualidade de tempo, geográfica e temporal.

Porém, é válido lembrar que para cumprir o propósito dessa abertura de conta e obter os resultados que tal ação oferece, possivelmente o investidor terá de vencer alguns **pressupostos** que surgem em forma de crenças limitantes, geralmente impedindo que as pessoas avancem nessa etapa do processo.

1. Uma dessas questões é o medo de perder o dinheiro investido nesse processo. De fato, não é possível garantir 100% que haverá sempre um retorno positivo para o investidor, mas é bem verdade que fazer o investimento com cautela e estudo dos projetos das criptomoedas ajuda a evitar prejuízos.

2. Outro pressuposto que deve ser superado pelo investidor para conseguir abrir sua conta é a ideia de que operar no mercado de criptomoedas "é muito complicado", que "é muito difícil", e que por isso não vale a pena "gastar tempo" tentando entender a plataforma de uma corretora. Confesso que não se aprende a operar nesse mercado em poucas horas, mas também destaco que se algum mercado oferece altos ganhos sem qualquer tipo de esforço, aí sim se caracteriza uma proposta enganosa ou de ganho ilícito. Por essa razão, reforço que vale a pena iniciar com a abertura de uma conta em uma boa corretora, pois é uma fonte

de renda lícita e de bons resultados, caso haja um estudo mais dedicado sobre o mercado.

3. Há de ser superada também a crença limitante de que é "mais seguro" abrir uma conta em uma corretora brasileira e não em uma estrangeira. Caracterizo tal pensamento como um obstáculo ao avanço do investidor, porque, de forma geral, as plataformas brasileiras ainda enfrentam muitas limitações, como a falta de opções de criptomoedas, falta de liquidez e também a falta de funcionalidade. Mais um motivo pelo qual indico a Binance. Apesar de ser uma corretora estrangeira, eles já possuem um escritório no Brasil e dispõem de um suporte totalmente em português, suprindo todas as limitações atuais das plataformas brasileiras.

ANÁLISE TÉCNICA: A BASE DE TUDO

Se a operação no mercado de criptomoedas exige dedicação ao estudo do mercado e de todo o sistema que leva aos períodos de alta e baixa dos ativos, pode-se dizer que a maior parte de todo esse esforço recai sobre um fator muito importante, que fundamenta toda a teoria das operações e dá muita segurança ao investidor: a **análise técnica**.

Considero a análise técnica, Segundo Passo, um dos fatores mais importantes da operação no mercado de criptomoedas, porque é justamente ela que dá ao investidor os fundamentos para que ele saiba identificar a hora certa de investir, de comprar no melhor preço, a hora certa de vender e conseguir o maior lucro possível. Esse estudo do mercado possibilita tais resultados ao trader, porque dá a ele o poder de se antecipar na visualização das tendências para agir no momento certo, em vez de apenas comprar ou vender quando a cripto já se estabilizou.

Essa análise também evita que o investidor cometa dois erros muito comuns entre os iniciantes, que é comprar quando a cripto já se valorizou e vender quando ela está desvalorizada. Com essa importante ferramenta, o investidor vai inverter esse processo e de fato vai começar a ganhar dinheiro.

Além disso, a análise técnica ajudará a entender cada elemento dos gráficos que apontam a evolução do mercado, como as velas e os formatos nos quais elas se apresentam. Sem esse estudo, realmente a imagem de um gráfico pode parecer um verdadeiro bicho de 7 cabeças, mas após um tempo de dedicação à análise, tudo começa a fazer sentido.

A análise técnica tem como **propósito** fazer uma leitura dos gráficos para identificar as tendências de cada ativo em questão. E tal leitura se dá por meio de critérios já estabelecidos com base na evolução do mercado.

Exemplos desses fundamentos são os conceitos de **suporte** e **resistência**, que devem ser identificados nos gráficos como um dos fatores que podem determinar uma boa oportunidade de compra.

O primeiro fator a se entender é: o que é um **suporte**? É uma linha no gráfico que indica uma região na qual um ativo financeiro – que pode ser uma criptomoeda ou até mesmo uma ação – atinge o seu valor mínimo e logo depois volta a subir. Mas por que esse ativo "bate e sobe"? Porque essa linha do suporte indica uma região que o mercado já delimitou como sendo boa para a compra do ativo. Sendo assim, se todos vão comprar a partir daquele ponto, o ativo irá se valorizar e o investidor já se prepara para também comprar no momento certo e assim desfrutar da valorização daquela criptomoeda.

SUPORTE ROMPIDO APÓS 10 MESES

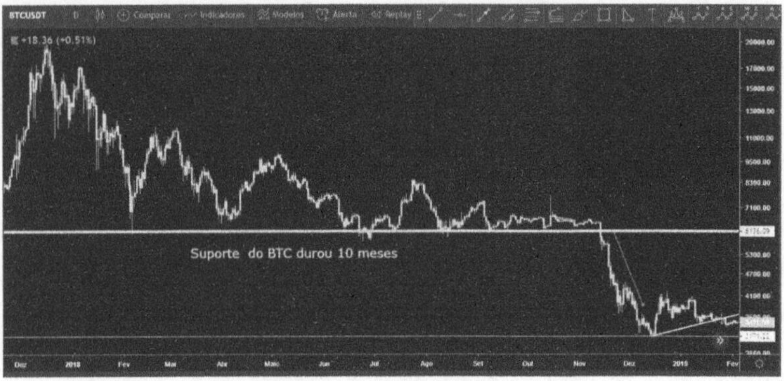

No gráfico acima, por exemplo, é possível ver que o suporte de um ativo se manteve basicamente o mesmo por cerca de 10 meses e depois desse período acabou se rompendo. Tal análise indica que durante todo esse tempo, essa linha indicou o melhor momento de compra dessa criptomoeda.

Já a **resistência** indica justamente o contrário do suporte. É uma região do gráfico na qual o preço bate, atinge o seu limite máximo, e tende a cair, porque da mesma forma que o mercado já delimitou a melhor hora de comprar, também delimitou a melhor hora para vender. Então, quando todos começam a vender aquela determinada criptomoeda, isso indica que ela já bateu o seu preço máximo e a partir de então irá cair. Sendo assim, enquanto o suporte se torna um bom parâmetro para o melhor momento de compra, a resistência se torna um bom parâmetro para o melhor momento de venda do ativo.

Obviamente que suporte e resistência são apenas dois dos diversos fatores a serem analisados pelo investidor com o objetivo de determinar um bom momento de compra e de venda da cripto. Considero que esses elementos constituam cerca de 50% da análise técnica, a base, mas ainda há fatores que precisam ser considerados, como a forma como as velas se apresentam, que são o martelo, o engolfo de alto, o harami, o martelo invertido, entre outras; há os padrões gráficos formados pelas combinações de velas, como nas figuras a seguir, fatores estes que necessitam de um aprofundamento que farei mais à frente.

Além de todo o estudo desses elementos gráficos, a análise técnica também inclui uma gestão do risco, que é fato de sempre considerar um limite diário, semanal e mensal a ser investido, para que as perdas jamais se tornem maiores que os ganhos. Essa gestão também envolve o desenvolvimento do controle emocional. Afinal, sem essa conscientização de que lucrar com criptomoedas é bem diferente de enriquecer instantaneamente, o investidor pode estar se colocando em grande risco no mercado.

Sei que todos esses nomes e desenhos podem parecer parte de um idioma totalmente novo, de uma linguagem "indecifrável", caso você os esteja vendo pela primeira vez em um contexto de mercado. E essa aparência de **grande complexidade** pode se tornar um **pressuposto** a ser superado para a consolidação dessa importante área das operações. Reconheço que muitos investidores abandonam o processo quando se deparam com a quantidade de conteúdo a ser estudado.

Porém, com dedicação e paciência, todos eles farão sentido dentro dos gráficos e eu os explicarei de forma mais detalhada no próximo capítulo, em que vamos nos aprofundar no assunto da análise técnica.

Quando o trader conseguir superar os pressupostos que o impediriam de iniciar uma análise técnica para operar, posso garantir que **resultados** satisfatórios começarão a aparecer. Ele se verá à frente de muitos outros investidores que simplesmente se aventuram no mercado, apostando apenas na sorte, sem analisar de fato o campo em que irá atuar. Será perceptível o aproveitamento cada vez maior de suas operações com as criptomoedas, desde a seleção dos melhores projetos até a escolha dos momentos certos para comprar e vender, dado o acompanhamento da evolução de cada uma delas.

PRINCIPAIS PADRÕES GRÁFICOS

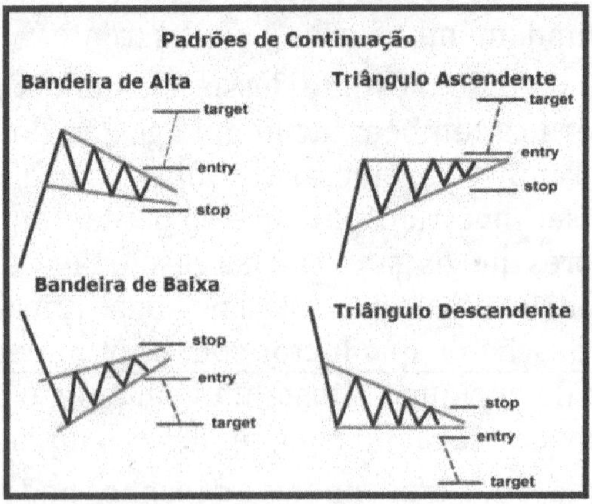

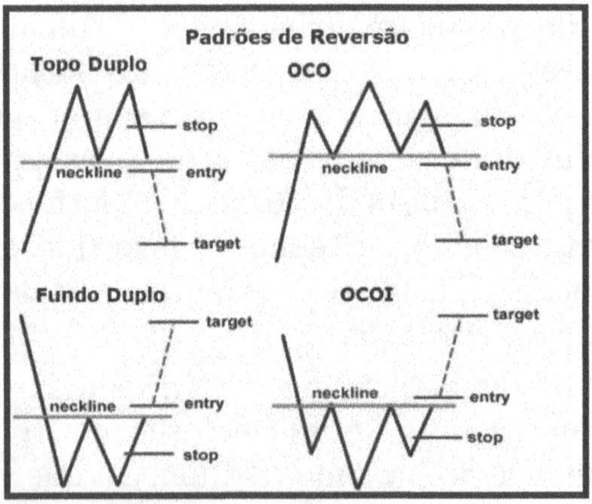

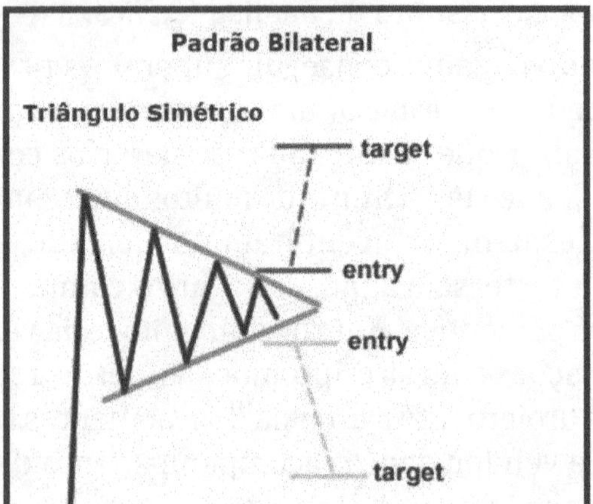

A importância da análise técnica só comprova a ideia de que o mercado de criptomoedas, apesar de ser altamente lucrativo, está longe de ser a tal promessa de "dinheiro fácil" que alguns acreditam ser.

TEMPO DE TELA: COLOCANDO A TEORIA EM PRÁTICA

Compreendida a importância da análise técnica e com essa importante etapa já em desenvolvimento, o Terceiro Passo a ser dado é o estabelecimento do que nós, traders, chamamos de **tempo de tela**, que nada mais é que o período que cada pessoa pode dedicar à prática das operações. Vale lembrar que tanto a rotina de estudos como à prática de operar devem ser constantes e ocorrer em paralelo. É como em qualquer outra área de atuação. Após adquirir determinado nível de conhecimento suficiente para iniciar sua atuação, todo bom profissional deve se manter estudando e praticando, de forma que esteja constantemente se atualizando sobre as novas técnicas e colocando-as em teste para ver a eficácia de cada uma. A exemplo de uma formação continuada aplicada em qualquer área profissional.

Conhecimento só é de fato poder quando aplicado. Por isso, conhecimento sem aplicação é obesidade mental.

Sendo assim, o hábito de analisar os gráficos e operar tem como **propósito** validar cada informação adquirida durante a análise técnica. E quanto mais tempo de tela o trader tiver, mais ágil ele pode se tornar em cada operação. Com base nisso, colocar a mão na massa é tão importante, que no meu método, tempo de tela tornou-se um dos cinco pilares de um trader crypto expert.

1. Gestão de Risco;
2. Controle Emocional;
3. Conhecimento Técnico;
4. Estratégia de Entrada; e
5. Tempo de Tela.

Considero que após o trader adquirir base teórica com a análise técnica, o que realmente separa os perdedores dos vencedores acaba sendo justamente ter tempo de tela, que é o tempo que cada um dedica para operar. Então, supondo que o investidor comprou o meu curso sobre criptomoedas e assistiu às aulas, é chegada a hora de praticar, porque somente com a prática haverá consistência nos lucros. É com o tempo de tela que o investidor de fato vai começar a ganhar dinheiro. Por isso, ele precisa criar um cronograma e operar com regularidade.

Fato é que o hábito de operar e analisar os gráficos com constância tem como principal objetivo levar o trader a compreender o mercado de forma ainda mais prática, a descoberta das estratégias que mais fazem sentido para o trader e, principalmente, adquirir e desenvolver seu autocontrole emocional. Esse último fator é de grande importância, porque é comum que traders iniciantes tenham de lidar com certo descontrole emocional. Muitos deles iniciam no mercado ansiosos por ver resultados logo nos primeiros dias e, apesar de ser um problema, é também recorrente e pode ser "curado" à medida que se investe em tempo de tela **e análise técnica.**

O investimento em prática traz autocontrole emocional, agilidade e perspicácia ao trader.

E se nos passos anteriormente citados, há pressupostos que podem prejudicá-los, com o tempo de tela **não será diferente. Creio que o primeiro pressuposto a ser superado para adquirir o batido de operar é aquela famosa desculpa de que "falta tempo".**

— Ah, não tenho tempo, porque trabalho o dia inteiro. E quando termino meu expediente, já estou muito cansado — muitos dizem.

Bem, o que muitos apontam como "falta de tempo", costumo corrigir como desinteresse e desorganização de tempo. É bem verdade que não temos o poder de criar mais horas em nosso dia, mas sim o de organizá-las para que ele renda muito mais. Fato é que a maioria dos investidores que alcançaram sucesso no mercado de criptomoedas não estavam já com suas vidas ganhas, com tempo de sobra para se dedicar às operações. Por isso, precisaram adequar sua agenda para conseguir realizar seu grande sonho, que era alcançar sua independência financeira.

A boa notícia é que tal adequação de agenda conta com a total flexibilidade do mercado de criptomoedas, pois ao contrário do mercado financeiro da bolsa de valores, o criptomercado permanece, por natureza, sempre aberto 24 horas por dia, 365 dias por ano, eliminando qualquer desculpa ou crença que o investidor possa vir a ter que não possui tempo suficiente. Por isso, quem quer começar a operar pode separar um momento do seu dia já pela manhã bem cedo, no intervalo do expediente para almoço ou à noite. Não importa, qualquer horário é um bom momento para se dedicar às operações, não existe um horário melhor para operar ou pior que possa trazer mais ou menos lucros. O importante é ter em mente que para se alcançar sucesso em qualquer área da vida é preciso haver comprometimento.

Mas creio que ainda maior que a desculpa da falta de tempo, outro pressuposto que pode prejudicar o desenvolvimento da consistência nos lucros é a crença limitante de que não é possível ganhar dinheiro no mercado de criptomoedas. Pessoas se deixam levar pela informação equivocada de que apenas 10% dos investidores ganham dinheiro com trade e o restante simplesmente tem prejuízo. Tal falácia tem gerado muito medo nas pessoas que pensam em investir, e as levam a desistir ou acabar postergando o início de suas operações.

O que posso garantir é que apenas estudando e praticando que o trader obterá mais clareza nos termos das operações, para identificar efeitos que estão acontecendo e que de fato ele não teria encontrado caso ainda não tivesse prática o suficiente. Além disso, esse importante passo também trará rapidez no operacional, para comprar ou vender uma criptomoeda, enfim, mais agilidade na hora de operar.

Por isso, é muito importante que se crie uma rotina de dedicação e disciplina, porque somente assim podemos proporcionar o tempo necessário para o hábito se formar. Então, se o investidor estabelece que vai dedicar uma hora de seu dia – ou de sua noite – às operações e se esforça para sentar-se à frente da tela para operar diariamente nesse período, após 20 dias, em média, essa prática já terá se tornado um hábito e o seu operacional já terá muito mais agilidade.

Se não há disponibilidade de uma hora por dia, mas de meia hora 3 vezes por semana, ainda assim é possível desenvolver tempo de tela. Como eu destaquei anteriormente, tudo vai depender da agenda, da disponibilidade que cada pessoa tem. Junto com a análise técnica, o tempo de tela é, sem sombra de dúvidas, um dos principais pilares do investidor e do trader de sucesso.

Reconheço que propagandas enganosas de diversos cursos online de criptomoedas acabam agravando bastante este cenário e até mesmo dificultam o meu trabalho. Vejo diversos anúncios de "especialistas" da área garantindo que com seu curso as pessoas podem já ter lucros em apenas sete dias ou em 10 dias. Esse tipo de anúncio é bastante arriscado e pode até mesmo configurar um certo tipo de propaganda enganosa, porque cada indivíduo tem sua capacidade de aprendizado e também diferentes quantidades de horas disponíveis para dedicar ao estudo do conteúdo. Sendo assim, não há como garantir que é possível obter resultados em cinco, sete ou 10 dias. Tudo vai depender do quanto a pessoa se dedicar e o quão rápido ela compreender as informações da análise técnica para então colocar em prática.

Um bom exemplo de que as propagandas enganosas têm criado uma cultura de imediatismo associada equivocadamente ao mercado de criptomoedas ocorreu recentemente comigo. Um dos alunos que comprou o meu curso se mostrou até bastante entusiasmado nos primeiros dias, afirmando que estava disposta a se dedicar muito para obter resultados satisfatórios, chegando a tecer ótimos elogios ao meu conteúdo na plataforma e também nas redes sociais.

Mas não demorou muito para ele começar a fazer duras críticas ao meu curso. Seus comentários passaram a ter um caráter de fato ofensivo, enquanto a minha equipe de suporte se mobilizava para entender o porquê da insatisfação dele. Diante dessa situação, pensei:

— Bem, vamos ver quantas aulas do curso ele já assistiu para sabermos se ele está compreendendo bem o conteúdo ou não.

Como já suspeitávamos, o aluno havia feito quase nada do treinamento, apenas 6% do mesmo. É óbvio que não tinha como ele conseguir algo de concreto. Ele ainda não havia dedicado tempo para compreender o conteúdo, que dirá colocar em prática.

No dia seguinte às reclamações feitas por ele, anunciei que faria uma live de uma hora somente para tirar dúvidas e não vi sinal desse aluno. Enfim, a questão é que hoje vivemos dias em que as pessoas querem que peguemos em sua mão e as levemos pelo caminho, sem que elas precisem aprender ou fazer nada. Desejam um aprendizado por osmose.

TEM SARDINHA AÍ?

Já que neste capítulo destacamos a importância do equilíbrio emocional dentro da análise técnica e também como um resultado do tempo de tela, quero expor dois dos fatores de maior importância para o desenvolvimento desse equilíbrio: o ***stop loss*** e o ***stop gain.***

Na minha opinião, esse elemento configura 80% da maturidade do trader, pois não há nenhuma possibilidade de ele sobreviver se não utilizar tal estratégia. É por meio do stop loss que o investidor define o limite diário de perda dele e, consequentemente, o momento de parar de operar para não perder acima do que estava planejado – o que pode levá-lo a quebrar sua banca de investimentos. E é por meio do stop gain que o trader controla também os seus ganhos, de modo que ao atingir suas metas de lucros, ele para de operar e volta no próximo dia.

O ***stop*** é a melhor maneira de sair de uma criptomoeda minimizando o risco ao máximo, de modo que o investidor entenda que está operando no mercado financeiro e não jogando em uma loteria ou um cassino. Há criptomoedas que começam a cair e nunca mais voltam ao preço pelo qual foram compradas inicialmente, nunca mais recuperam o preço máximo histórico e assim o trader corre o risco de ficar preso nesse ativo para sempre.

Obviamente que aliada a uma boa gestão de risco, o ***stop loss*** e o ***stop gain*** deixam de ser apenas fatores que engessam as operações para de fato se tornarem boas ferramentas preventivas.

SE CONECTE COMIGO

Sem dúvidas, atuar no mercado de criptomoedas significou um verdadeiro divisor de águas na minha vida financeira. Porém, esse universo tinha muito mais benefícios reservados para mim, de modo que quanto mais eu me aprofundava nele, mais descobria o leque de oportunidades que ele me proporcionava (e ainda proporciona).

Além de ter se tornado uma ótima fonte de renda para mim, as criptomoedas começaram a me tornar uma autoridade nesse meio e eu passei a perceber isso quando vi que o meu canal no YouTube já havia se tornado um dos maiores com esse tipo de conteúdo. Eu comecei a acumular cada vez mais inscritos, passando da marca dos 100 mil. Além disso, comecei a ver cada vez mais alunos relatando bons resultados e até mesmo adquirindo carros de luxo com nosso método e postando seus depoimentos nas redes.

Mas creio que o momento que enfim veio para coroar essa minha autoridade foi o convite que recebi para ser entrevistado em rede nacional, um programa da RedeTV.

— Você foi muito bem recomendado pelos seus alunos. Eles disseram que você entrega um excelente suporte e pós-venda nos treinamentos e mentoria, criando até um vínculo de amizade com os alunos - disse a equipe de produção ao me convidar.

Aquele relato da produção do programa me deixou muito satisfeito e só aumentou a sensação de que cada esforço meu estava valendo a pena.

Mas as surpresas agradáveis não pararam por aí. Quando cheguei ao estúdio de gravação do programa em São Paulo, fui recebido no térreo por um dos meus alunos e acabei descobrindo que dois alunos meus trabalhavam na emissora. Obviamente que como tenho milhares de pessoas que compram meu curso online em todo o Brasil e até morando fora do país, não os reconheci por fisionomia ou nome, mas sim porque eles já me conheciam em razão das aulas gravadas e do canal e se apresentaram de pronto.

Fato é que aquele momento foi muito gratificante para mim, porque senti que o meu trabalho estava tendo reconhecimento, não apenas em rede nacional, mas também pude ter contato direto com alunos meus e ouvir deles o quanto o meu curso estava contribuindo para a transformação de suas vidas.

Aquela foi a primeira vez que conversei diretamente com alunos meus. Eu sabia que mais cedo ou mais tarde esse momento iria ocorrer, mas eu sempre me perguntava como seria. E a resposta é que foi surpreendente e muito gratificante.

Quanto à gravação da entrevista para o programa, confesso que inicialmente fiquei nervoso, porque era uma novidade para mim. Mas logo depois começou a fluir bem e com naturalidade o bate papo e acabou sendo uma ótima experiência com até mesmo a jornalista querendo entrar para meus cursos e mentorias.

FALAAAA TUBARÕE$$$...

Dedicar tempo ao estudo teórico e também ao tempo de tela nas operações são pilares tão fortes do mercado de criptomoedas que podem ser comprovados não apenas pelas minhas palavras, mas também pelos depoimentos de muitos de meus alunos.

Exemplo dessa verdade está no caso do aluno Kapp, que, aplicando o método de nossos treinamentos, evoluiu em suas operações, não simplesmente porque conseguiu resultados rápidos e começou a ganhar dinheiro instantaneamente, mas sim porque aceitou se dedicar ao estudo do conteúdo repassado no curso e compreender o funcionamento de tudo, unindo análise técnica e tempo de tela. Quem olha de fora pode achar que foi fácil, mas houve tempo de dedicação nos estudos e prática e, agora, suas conquistas são sólidas e permanentes. Confira o depoimento do aluno no quadro.

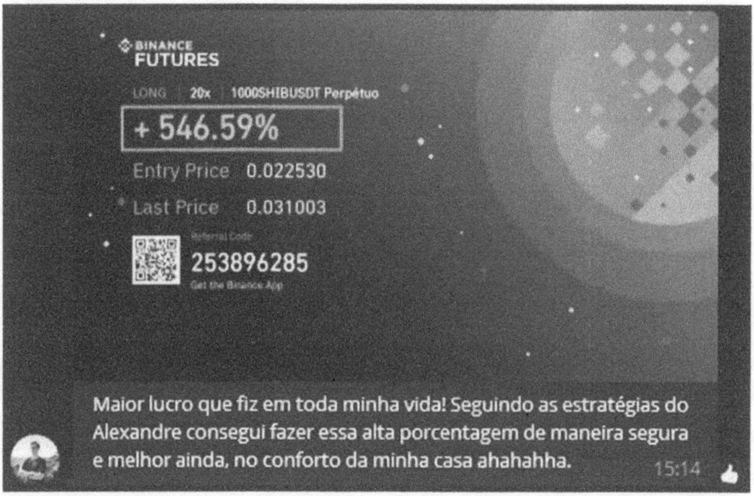

3

OLHE, PENSE E ANALISE COMO UM TRADER

Como fazer uma análise técnica e entender os altos e baixos do mercado

"Qualquer indivíduo informado tem de saber sobre o Bitcoin — pois poderá ser um dos mais importantes desenvolvimentos do mundo"
— Leon Luow, conselheiro político sul-africano

Se no capítulo anterior deixei claro o quão importante é a **análise técnica** para que o investidor opere com segurança, não apenas no mercado de criptomoedas, mas no mercado financeiro como um todo, entendo que seja válido dedicarmos este capítulo ao aprofundamento deste tema.

Afinal, se a pessoa quer ter resultados com o mercado de criptos, precisa ter conhecimento de análise técnica, se não, vai operar aleatoriamente a depender da sorte e do azar, nunca chegando a atingir o profissionalismo que produz a segurança financeira que cada investidor deseja.

Analisar cada um dos gráficos que mostram o desempenho de cada criptomoeda é essencial para que o investidor saiba quais ativos podem dar mais retorno, como esse lucro pode ser obtido e em qual momento isso pode acontecer.

Não recomendo que o investidor espere se tornar um especialista no assunto para começar a operar, mas é importante que compreenda pelo menos o básico do mercado, como saber se uma cripto está subindo, se está descendo, se está em baixa ou em alta, qual a projeção dela, entre outros indicadores. Estes fatores lhe servirão como pontos estratégicos de um mapa que mostrará onde pode chegar com seus investimentos, lhe levará a olhar, pensar e analisar como um trader.

TENDÊNCIAS: A "PREVISÃO" SOBRE O MERCADO

Um ótimo exemplo de como é possível "prever" o comportamento de uma criptomoeda – ou qualquer outro ativo – é a análise técnica do mercado através do que chamamos de **tendência**. Então, como ela funciona?

Bem, se uma moeda está em tendência de alta, a tendência é ela continuar subindo. Então, se o investidor comprar uma moeda que esteja em alta, tem maior probabilidade de ganhar dinheiro. Já se ele não souber fazer a análise técnica com base nos gráficos, talvez compre uma cripto que esteja no começo de uma tendência de baixa, o que pode provocar uma perda nos investimentos.

Como é possível ler, analisar e acompanhar a volatilidade do mercado de criptomoedas? A resposta é: com a análise técnica. Operar no mercado de criptomoedas sem análise técnica é pura irresponsabilidade.

Essa volatilidade pode parecer inicialmente uma verdadeira "loucura", difícil de acompanhar, porém à medida que análise técnica vai sendo aprimorada e o investidor entende melhor sobre o seu funcionamento e suas implicações sobre as criptomoedas, passa a adquirir conhecimento para fazer com que essa mutabilidade trabalhe a seu favor.

Sendo assim, a análise técnica vai se tornar uma escola para o investidor aprender sobre os fundamentos principais do mercado de criptomoedas. **É** muito difícil prosperar ou até mesmo sobreviver nesse mercado sem entender o que está se passando pelos gráficos. A análise técnica é um dos principais fatores que capacitam o investidor a trabalhar com segurança.

Para ilustrar melhor o quão irresponsável é o investidor que opera no mercado de criptomoedas sem análise técnica, suponhamos que, em dado momento, ele encontre a cripto – que lhe foi recomendada – valendo um preço X. Porém, o que ele não sabe é que esse valor corresponde ao **final de uma tendência de alta**. O que isso quer dizer que provavelmente as próximas etapas sejam de queda desse ativo.

Então, ele compra a cripto por um preço alto – talvez o maior possível – e logo após assiste o ativo entrar em tendência de queda. O valor do ativo cai cada vez mais, e, por não saber sobre análise técnica, ele entra em desespero, e devido a isso comete outro erro que agrava ainda mais a situação: além de ter comprado a cripto no preço mais alto, a vender no fundo mais agudo do movimento, por medo, tendo assim um prejuízo ainda maior.

O certo a fazer seria ele ter feito a análise técnica, entendido que a cripto não estava no melhor preço e esperar que ela chegasse à linha de resistência para vê-la cair, para somente então se preparar para comprá-la. Dessa forma, ele a compraria em um valor bem mais baixo e se beneficiaria da valorização do ativo posteriormente, caso os indicadores apontassem essa volta (tendência). Porém, por estar sem o conhecimento necessário, ele chegou no fim da festa, comprou a criptomoeda no topo e vendeu por desespero quando ela estava caindo, já desvalorizada.

Ainda assim, vale lembrar que, mesmo que o mercado como um todo esteja em queda, isso não significa que o mercado em baixa não é um bom momento para operar, mas como eu gosto sempre de reforçar, conhecimento é poder e quem está dominando bem a análise técnica acaba descobrindo que é possível obter lucros também com o mercado em baixa.

Fato é que esses resultados se tornam possíveis quando o investidor descentraliza suas finanças por meio de uma carteira mais variada, além de operar em uma corretora que possibilita operações de short. Mas o que **é** short?

Uma operação de short, também chamado de "operar vendido", que pode ser com alavancagem ou sem, é "apostar" que um ativo vai se desvalorizar em uma data específica no futuro. Para simplificar, vamos fazer uma analogia com uma negociação entre duas pessoas negociando um relógio caro. João pega emprestado o relógio de Carlos pelo tempo de 6 meses e diante seus estudos entende que o relógio vai desvalorizar-se de R$ 50.000 para R$ 40.000 após esse tempo. Sabendo desse palpite, logo no primeiro dia após pegar a joia emprestada, João vende pelo preço de R$ 50.000 **e após 6 meses acerta sua previsão recomprando-o pelo valor de R$ 40.000 e finalmente devolvendo para Carlos, terminando assim sua "operação" com um lucro de R$ 10.000**

A **estratégia de alavancagem que pode ser de compra ou também de *short*** exige bastante cautela, porque implica em uma operação com valores acima do que existe disponível em conta. Usando justamente a ilustração da própria alavanca, essa ferramenta serve para levantar objetos mais pesados com menor esforço. No mercado financeiro, a alavancagem também tem essa função de fazer aplicações com valores superiores do que o investidor teria sozinho. Existe um risco maior e, por essa razão, reforço a importância do gerenciamento do risco. Afinal, ela permite que o investidor saiba exatamente onde está pisando ao usar esta opção.

Então, se o mercado estiver caindo, há quem desanime por esse motivo, mas quem tiver acesso às estratégias para ganhar dinheiro na baixa, continuará ganhando dinheiro.

Como diz meu xará e meu grande mentor Alexandre Elder, que é um dos maiores traders gringos do mundo, "Amadores não sabem como operar vendido e têm medo disso, mas profissionais amam operar vendido e ter lucro nas quedas."

Operar na baixa do mercado é a maestria da análise técnica.

É bem verdade que antes de operar na baixa, o trader precisa aprender a operar na alta, desenvolver prática e segurança. Porém, após entender bem o funcionamento do mercado, suas tendências, basta ele inverter as estratégias que terá bons resultados também quando o mercado estiver em queda.

TIPOS DE TENDÊNCIAS

Já que citei a importância da tendência – de alta e de baixa – como uma ferramenta, quero me aprofundar um pouco mais nesse assunto e aproveitar para discorrer sobre os principais pilares da análise técnica.

Bem, é importante que o investidor entenda em qual tendência uma criptomoeda se encontra. Há uma teoria formulada em 1884 por Charles Henry Dow[6], que aponta três tipos de tendência: **a primária** que é a mais longa e que pode durar meses e anos. As tendências **secundárias** que duram semanas ou meses e as tendências **terciárias** que são reações menores e que duram algumas semanas ou dias. E dentro desse contexto podem variar entre tendência de alta, tendência de baixa e a tendência lateral. É muito importante o investidor entender em qual tendência uma moeda se encontra porque, dessa forma, será possível comprar e também vender no melhor momento para evitar prejuízos e obter lucros.

Então, por exemplo, se ele comprar uma criptomoeda ainda em tendência de baixa, terá prejuízos com a desvalorização dela. Porém, se comprar o ativo em tendência de alta, terá lucros com sua valorização. Sendo assim, o primeiro princípio é entender qual a tendência em que o ativo se encontra.

Vale lembrar que o espaço de tempo também influencia na análise das tendências – bem como em outros indicadores – e, por isso, é preciso também considerar qual é o time frame (prazo) que está sendo analisado. Esse período pode ser, por exemplo, de um minuto, de uma hora ou até mesmo de um dia, uma semana. Então, se o investidor escolher o time frame de um dia, cada **vela do gráfico**[7] corresponderá a um dia.

---

6 **Charles Henry Dow** (1851 – 1902) foi um jornalista estado-unidense, cofundador da Dow Jones & Company, também fundou o The Wall Street Journal, que se tornou uma das mais respeitáveis publicações sobre economia do mundo. Ele desenvolveu uma série de princípios para entender e analisar o comportamento dos mercados na qual posteriormente se tornou conhecida como a Teoria de Dow. Dow nunca concluiu o nível superior de instrução.

7 Cada vela (candle = barras verdes e vermelhas) representa um intervalo, que varia conforme a seleção do usuário. Isto funciona tanto para gráficos de um minuto, quanto gráficos semanais ou mensais.

Para aqueles que estão começando a operar no mercado, recomendo a análise de tendências com base em time frame's maiores, como os de um dia ou uma semana. Dessa forma será possível analisar e ver o contexto de forma mais geral. Será possível comparar, por exemplo, o desempenho de uma criptomoeda em cada dia e também em cada semana, para compreender se ela está em tendência de **alta**, de **baixa** ou **lateral**.

1. É possível começar, por exemplo, com a análise de um dia, para perceber qual o contexto do cenário, e ao longo da semana comparar cada dia;

2. Após completar os sete dias, também será possível comparar esta semana com anteriores;

3. Registrar esse comportamento de uma semana para outra e usar a comparação para as próximas semanas.

Dessa forma, é possível também compreender onde se encontra o suporte (valor mínimo) e a resistência (valor máximo) da criptomoeda em análise dentro do período selecionado.

O acompanhamento de cada uma das velas leva o investidor a identificar a **linha de tendência de alta (LTA)** e a **linha de tendência de baixa (LTB)**, que formam em direção diagonal a valorização ou desvalorização, respectivamente, de uma criptomoeda.

LTDA E LTBS E TENDÊNCIAS

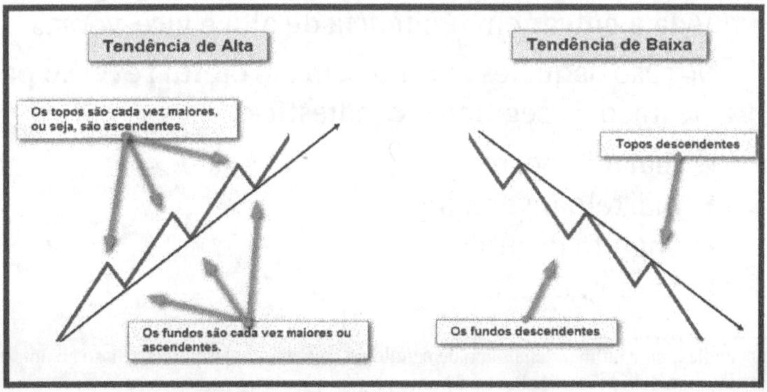

1. Na linha de TENDÊNCIA DE ALTA, há um **suporte** (a linha abaixo do gráfico, que sustenta a subida, valor mínimo) basicamente de forma diagonal, no qual o preço vai batendo e subindo;

2. Já na TENDÊNCIA DE BAIXA há uma **resistência** (a linha acima do gráfico, que forma um teto que impede a subida, valor máximo), na qual o preço vai batendo e vai caindo de forma diagonal.

3. Se em algum momento, o valor da cripto romper esse suporte ou essa resistência, o preço tende a disparar – seja para valorização ou desvalorização.

4. Por fim, há a TENDÊNCIA LATERAL, situação em que o mercado não tem uma direção clara, se está subindo ou caindo. No jargão da área, diz-se que a tendência está lateralizada ou "de lado", essa ausência de **tendência** também pode ser chamada de «zona de congestão».

CANDLESTICKS:
O PODER DAS REVERSÕES

Compreendidas as linhas de tendência, vamos para **leitura das velas** e os vários **tipos de *candlesticks*** [8] existentes. É importante saber ler esses elementos e configurações de cada gráfico, porque muitos deles podem levar a uma reversão do quadro em que se encontra uma criptomoeda, como por exemplo levar um ativo que segue em tendência de queda a entrar em tendência de alta e vice-versa.

No caso daqueles que indicam um **efeito reverso para alta**, destaco os seguintes candlesticks:

- martelo normal;
- martelo invertido;
- engolfo de alta; e,
- harami de alta.

8 O candlestick é também chamado de candle ou vela. É simples perceber isso ao notarmos que sua aparência se assemelha ao de uma vela.

ALTA

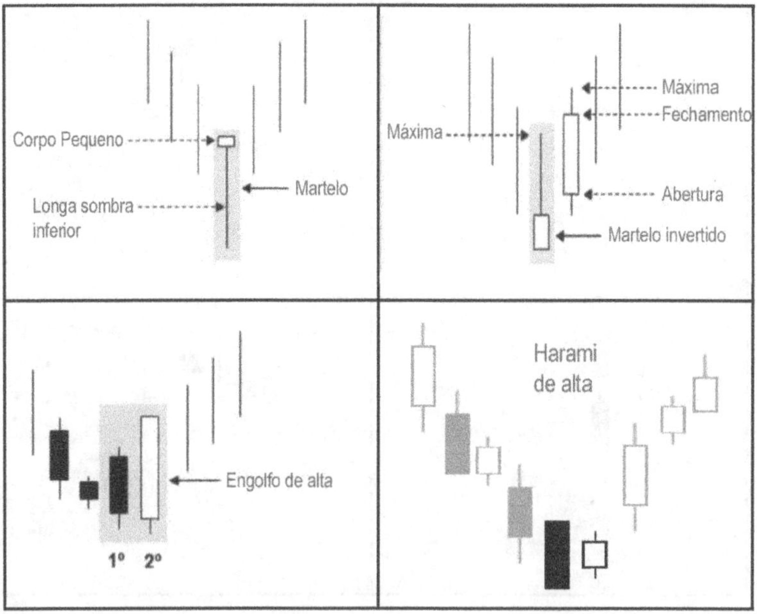

Eles basicamente se formam quando o mercado está caindo, mas o preço das criptomoedas irá subir depois. Dentro dessas configurações de gráficos, se houver um toque da cripto no **suporte**, isto é um sinal extra que sinaliza que a reversão pode ser ainda mais forte.

Já os candlesticks de reversão para baixa são:

- harami de baixa;
- engolfo de baixa;
- enforcado; e,
- estrela cadente.

BAIXA

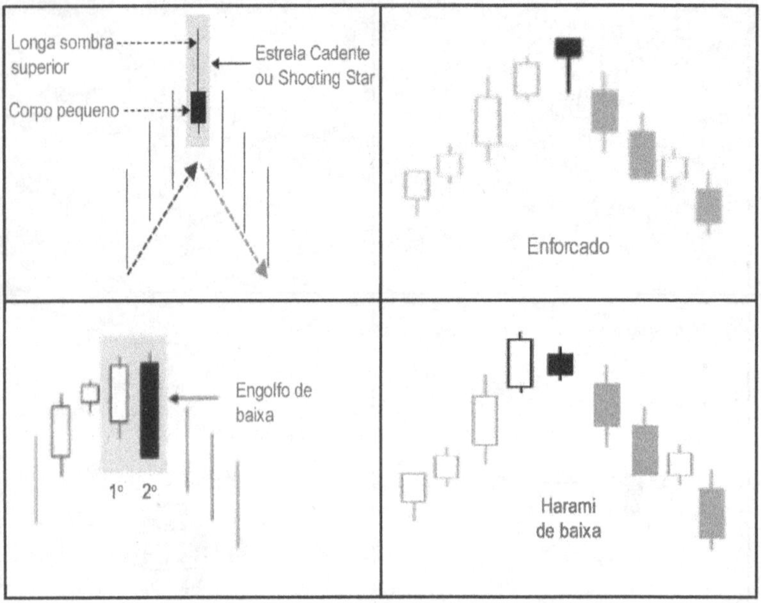

De forma contrária aos gráficos de alta, estas configurações indicam momentos em que o mercado está em alta, porém as criptomoedas irão desvalorizar em breve. Se nas reversões de alta, o toque no suporte pode potencializar a valorização da cripto, no caso das reversões de queda, um toque na resistência pode potencializar a desvalorização do ativo.

Porém, é válido avisar que nem todo candlestick indica alta ou baixa. Há também aqueles que indicam indecisão, chamados de:

- spinning top; e,
- doji.

INDECISÃO

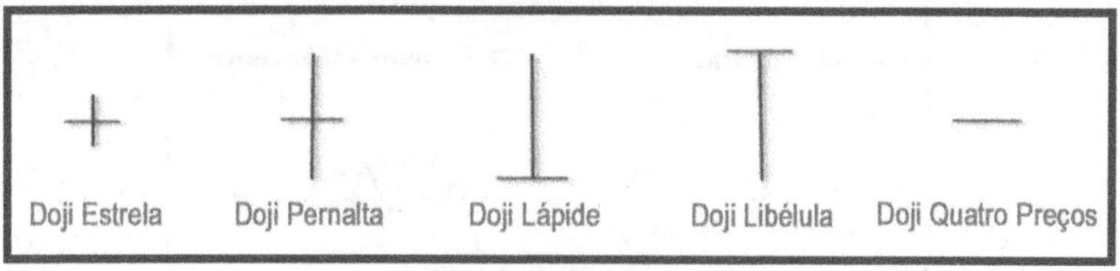

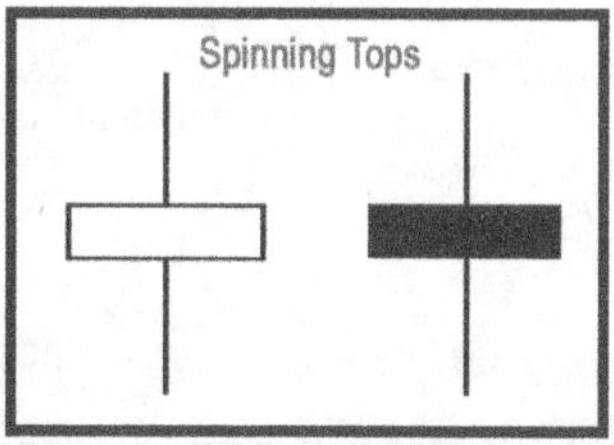

Quando eles se formam, a leitura que o investidor deve fazer é que o mercado está uma verdadeira incógnita no momento, de modo que fazer estimativas sobre o mercado se tornou um pouco mais difícil.

PADRÕES GRÁFICOS: CONTINUAÇÃO, REVERSÃO E BILATERALIDADE

Além das linhas de tendência e dos candlesticks, a análise técnica também inclui os **padrões gráficos**[9], que se dividem em três categorias:

1. Padrões de continuação: O primeiro padrão, como o próprio nome já sugere, indica continuidade, são aqueles que indicam que os preços estão num momento de retomada de fôlego para um novo impulso a favor da tendência vigente. Os principais subtipos dele são **bandeira de alta**, **bandeira de baixa**, **triângulo ascendente** e o **triângulo descendente**.

9 Vale lembrar que os gráficos podem ser analisados na plataforma de análise gráfica Trading View. Dessa forma é possível identificar os suportes, os pontos, e analisar tudo sobre cada criptomoeda a ser investida, para então compra-las no site da Binance.

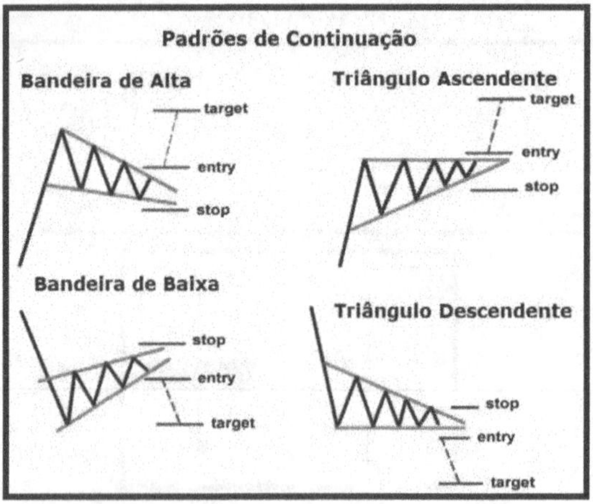

2. Padrões de reversão: Nos padrões de reversão – que indicam uma mudança mais drástica no curso da criptomoeda – temos duas possibilidades: a primeira é o padrão de reversão para baixa, como topo duplo, e ombro/cabeça/ombro, como é mostrado no gráfico ao lado. Eles aparecem no fim de uma tendência de alta e sinalizam a reversão do preço para baixo. A outra possibilidade é o padrão de reversão para alta, que se caracteriza pelo fundo duplo e ombro/cabeça/ombro invertido, eles aparecem no fim de uma tendência de baixa e sinalizam a reversão do preço para alta.

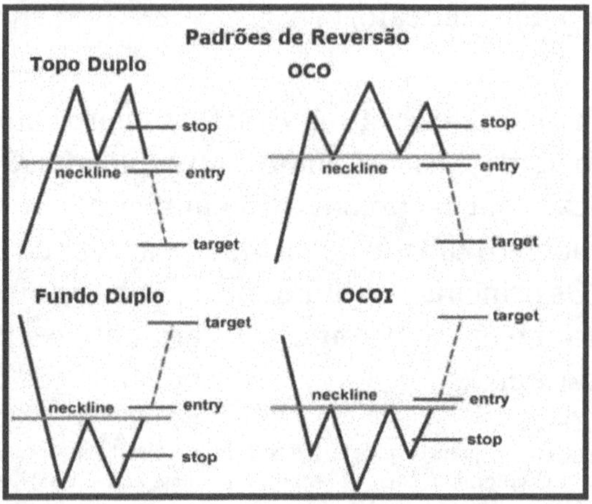

3. Padrão bilateral: Quanto ao padrão bilateral, temos o **triângulo simétrico**, que ocorre com frequência, após uma movimentação de baixa ou de alta, com 75% de chance de manter a tendência anterior. Então, por exemplo, a se tendência é de alta e aparece um triângulo simétrico, isso indica que há grande probabilidade de continuar na mesma movimentação e poucas chances (25%) de ocorrer uma reversão. Vale lembrar que quando o ativo estiver entre 50% a 75% dentro do padrão **é quando acontece a** maior parte dos rompimentos fiéis, levando a criptomoeda a disparar ou a reverter a projeção.

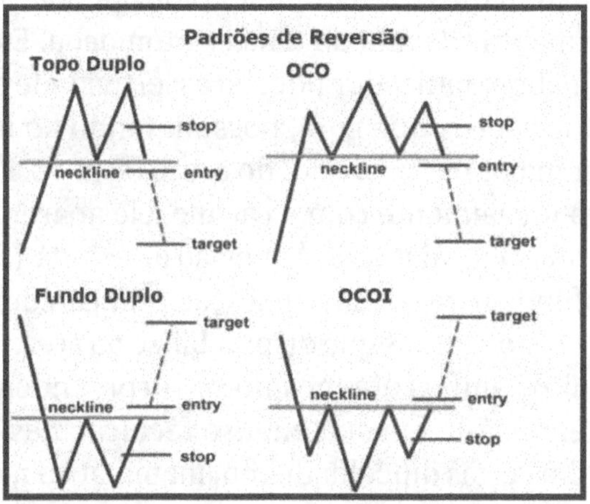

INDICADORES: DADOS QUE MELHORAM A PREVISÃO

Seguindo com os principais pontos da análise técnica, destaco também os indicadores, que são fundamentais para ajudar o investidor a identificar um bom – ou mal – desempenho de uma criptomoeda no mercado.

1. Como o primeiro indicador que pode trazer dados essenciais para análise, aponto o de **médias móveis**. Mas como posso obter as informações que ele me traz? Bem, essa

leitura é feita com base na média de um período de tempo selecionado por quem está operando. Então, por exemplo, se o gráfico segue um período diário e o investidor tira o zoom para comparar cada dia, lado a lado, pode ver vários "pingos" na tela, que indicam o desempenho da cripto em cada dia. Se ele selecionar 21 dias para comparar, terá ali uma média desse período escolhido, usufruindo assim da flexibilidade que esse indicador oferece, já que ele pode escolher o período que bem entender para analisar.

2. Outro indicador é o **índice de força relativa** (IFR ou RSI, na sigla em inglês), que é definido com base em um cálculo matemático e tem utilidade considerável no estudo dos movimentos de alta de uma criptomoeda. Ele é considerado um bom indicador por sua assertividade e também pelas informações que gera, possibilitando ao investidor um poder maior na "previsão" do preço do ativo. Para quem se depara inicialmente com o cálculo, ele aparenta ser um tanto complicado, mas tudo é questão de estudá-lo de forma mais profunda para ver sua aplicação prática, como mostro com clareza nos cursos que disponibilizo na área. A verdade é que muitos alunos até mesmo se surpreendem quando conseguem usá-lo em sua análise técnica, mesmo tendo sofrido com certas dificuldades em matemática no passado.

ESTRATÉGIAS: A HORA CERTA DE ENTRAR

Após vermos a importância de considerar as tendências, os candlesticks, os padrões gráficos e os indicadores, destaco também o lugar das **estratégias** na análise técnica. Afinal, de que adiantaria receber tantas informações por meio da leitura de tantos dados se a operação não tiver uma estratégia definida? Seria como querer chegar a algum lugar e coletar todas as informações de um mapa, mas não definir a rota que será seguida.

Então, entre as estratégias que podem ser adotadas pelo investidor para operar no mercado, está a de **entrada.** Vamos supor que o investidor já saiba que a resistência é uma zona na qual o preço bate e cai, mas também está ciente que se o ativo romper esse "limite" o preço pode disparar até chegar a uma nova resistência. E como é possível estimar se haverá esse rompimento? Quando há uma intensa negociação sobre o valor da criptomoeda.

O mesmo conceito de rompimento vale também para o suporte. Quando a cripto romper esse suporte, pode despencar seu valor. Obter informações tendo essa leitura gráfica como guia será essencial para que o investidor defina sua estratégia de entrada, para saber o melhor momento de compra da criptomoeda. Afinal, quem consegue comprar o ativo na hora certa do rompimento da resistência consegue lucros muito maiores do que aqueles que compram o ativo já em alta.

No mercado de criptomoedas lucra quem se antecipa na medida certa.

Sendo assim, vou citar aqui algumas estratégias de entrada. Uma delas pode ser facilmente aplicada no mercado de criptomoedas e é muito eficiente, que é a operação em **consolidações**. Essa estratégia nada mais é do que identificar o momento em que uma cripto está para bater no suporte (menor preço) e tem grandes chances de subir novamente. Sem dúvida, este é o melhor momento de compra, porque ela está prestes a se valorizar e o investidor poderá comprá-la em seu menor valor possível naquele período.

E o mesmo raciocínio serve para se antecipar à queda de uma cripto. Quando o investidor perceber que não haverá rompimento da resistência, essa informação pode ter dois significados: se ele pensava em comprar essa cripto, não é um bom momento, porque ela está prestes a cair. Mas já havia entrado nesse ativo anteriormente e está com ele em sua carteira, esse é o momento de se antecipar à queda e vender enquanto ela ainda está em alta.

Na construção de estratégias, cheguei a desenvolver uma outra estratégia de entrada interessante. Ela opera o rompimento, quando ultrapassa a região gráfica de resistência, chamada de **ATH** – sigla para "All Time High" (Topo Histórico) – e que indica o preço máximo que uma moeda já encontrou.

Então, quando o preço de uma criptomoeda rompe a ATH, tende a disparar, porque não há mais nada escrito no gráfico e o mercado não sabe qual a próxima resistência. Exemplo dessa linha de raciocínio é que o preço do Bitcoin estava em 20 mil dólares em dezembro de 2017. Começou a cair, chegando a cerca de 3 mil dólares em dezembro de 2018, e demorou dois anos para voltar ao valor anterior. Mas quando voltou, disparou e chegou a 60 mil dólares. Certamente, essa foi uma excelente operação de rompimento.

GESTÃO DE RISCO: NÃO BLINDA CONTRA ERROS, MAS PREVINE

É bem verdade que ter informações bem atualizadas e também uma boa estratégia definida dão ao investidor uma sensação de mais segurança nas operações, porém não posso deixar de citar outro ponto muito importante da análise técnica e que deve ser somado a todos já citados, que é a **gestão de risco**. Operar no mercado de criptomoedas sem uma estratégia definida é como pegar a estrada de carro sem um mapa, seguir com essas operações sem gestão de risco é como estar nesse carro em movimento sem cinto de segurança e não ter submetido o veículo a uma revisão completa.

Fato é que, como o próprio nome já diz, adotar uma gestão de risco não é se blindar contra ele, muito menos operar como se os perigos não pudessem atingir o investidor, ao contrário, é justamente assumir que os riscos existem e fazer o possível para não ser prejudicado por eles.

Sendo assim, apesar de não colocar o investidor sob uma redoma de aço, muito menos torná-lo imbatível, a gestão de risco serve como uma eficiente prevenção que evita diversos tipos de erros bem comuns no mercado de criptomoedas, como: não ter uma carteira diversificada, operar sem um limite diário de perdas, sem uma meta diária de ganhos, sem pesquisar sobre a tendência do ativo que ele comprar, desconsiderar as marcas de suporte e resistência da cripto, entre outros.

Operar no mercado de criptomoedas sem uma boa gestão de risco é tão arriscado quanto saltar de paraquedas sem treino.

Fato é que dentro de gestão do risco é possível separar dois conceitos diferentes: uma delas é aplicada ao criptomercado, enquanto a outra é aplicada ao trading. Para entendermos melhor essa diferença, quero contextualizar melhor este cenário.

1. A gestão de risco aplicada ao criptomercado ocorre – entre outras razões – porque é um mercado que possui suas próprias particularidades e, para evitar inúmeros fatores de risco, sendo um deles que o investidor deixe de usar uma carteira para suas criptomoedas de longo

prazo e venha a estocar suas criptomoedas apenas em uma corretora. Esse pode ser um grave erro, porque ele não consegue colocar em prática a descentralização. A plataforma da corretora pode ser invadida por hackers, por exemplo, e se isso acontecer, seus correntistas podem perder todos os seus investimentos. Enquanto o mercado de criptos é o único investimento inconfiscável do mundo, não é blindado contra hackers.

2. Já a gestão do risco aplicada ao daytradig implica em evitar que a pessoa – entre outros erros – comece a operar no mercado sem antes identificar sua tendência, sem antes ter visto quais são o suporte e resistência das criptomoedas no dia. Então, vamos supor que o trader entre em uma operação sem saber onde estão os principais níveis de suporte e resistência, dessa forma ele está perdendo a oportunidade comprar o ativo no menor preço e de vender no maior preço, o que nos leva a concluir que ele pode estar levando prejuízo ou pode até lucrar alguma quantia, mas poderia estar lucrando muito mais.

Sempre que faço essa diferenciação entre esses dois tipos de gestão de risco, me lembro de uma história muito interessante que me ocorreu. A verdade é que o trader **só investe a curto prazo e**, por isso, se importa mais com a volatidade de uma cripto que com a segurança da moeda em si.

Então, não importa se ela tem ou não um fundamento forte, como o objetivo não é ficar com o ativo a longo prazo, o investidor pode entrar em qualquer uma. Se ela cair, ele já vai sair da cripto gerenciando o risco.

Com isso, essa ideia de que o trader se beneficia muito mais da volatilidade de uma cripto me leva a lembrar que uma das minhas melhores operações nos meus primeiros anos de criptomercado foi feita do meu celular, à beira da piscina do meu prédio.

Decidi investir na Dogcoin, que era uma criptomoeda sem qualquer fundamento, mas de alguma forma percebi que tinha uma tendência de alta muito forte. Então, entrei nela e a vendi também em um bom momento, lucrando cerca de 8 mil reais em poucos minutos em uma tarde.

Há quem pense que eu consegui todo esse lucro apenas com uma "brincadeira", mas gosto de reforçar que não lucrei simplesmente pela sorte e sim porque a análise técnica me possibilitou a antecipação à linha de alta da cripto e a volatilidade da moeda me trouxe alta lucratividade. Mais à frente teremos um capítulo para nos aprofundarmos no tema sobre gestão de risco e lhe deixar mais apto para prevenir, que sempre é melhor que remediar.

Por isso, gosto sempre de reforçar que, inicialmente, não importa o quanto a pessoa está lucrando no mercado, mas sim que ela está produzindo, aprendendo a fazer a análise técnica, está investindo em tempo de tela e não está exagerando nisso, está aplicando os conhecimentos teóricos e vendo como eles funcionam na prática.

Falando em números, suponhamos que um daytrade tem uma banca de cerca de R$20.000,00. Certamente, ele conseguirá obter R$200,00 a 400,00 por dia, **em média**. Mas para alcançar resultados como este é preciso que ele esteja operando firmado sobre todos os pilares que citei neste capítulo. Destaquei o termo "em média", porque considero que este seja um fator importante a ser considerado. No mercado de criptomoeda não existe nada fixo, nem 100% garantido. Tudo envolve certo grau de risco. Por exemplo, haverá dias em que o trader terá prejuízos, mas se continuar aplicando a análise técnica, as estratégias e a gestão de risco, ao final no mês a tendência é fechar esses 30 dias no lucro. Então, digamos que ele teve 10 dias de prejuízo dentro do valor que ele estipulou que poderia perder diariamente e teve outros 20 dias de lucro; ao final das contas, o saldo das operações foi positivo e cabe a ele melhorar esse balanço.

No meu curso para iniciantes, chamado Método 1.000x, o objetivo geral é que meus alunos obtenham esses resultados com os valores citados. Já no meu outro curso Trader Crypto Expert, eu os levo a gerar renda mensal de 10 a 30% em média da banca por mês e, dependendo do tamanho do investimento que já existe, esses ganhos podem ser ainda maiores.

Após vermos sobre todos esses pilares da análise técnica, o que podemos concluir é que, como um todo, ela tem o propósito de levar quem está operando a obter lucros no mercado e se livrar dos prejuízos – ou amenizá-los quando eles ocorrerem. Fato é que, em certo momento, após algum tempo de estudo teórico e também de dedicação ao tempo de tela, o investidor se verá operando, sustentado por todos esses pilares simultaneamente, que vão se posicionando de maneira cada vez mais estratégica nas operações para fortalecer essa carteira.

TEM SARDINHA AÍ?

Gosto sempre de reforçar a importância de que o investidor ou trader se certifique de que a criptomoeda que ele está pensando em investir tenha um bom projeto. Caso ela não tenha, acaba ganhando no mercado um apelido de **shitcoin**.

Bem, considerando pela própria formação da palavra, esse nome dado à cripto tem como objetivo justamente apontar que ela não vale qualquer investimento, porque não tem fundamento e provavelmente tenha sido criada apenas para roubar o dinheiro dos investidores. A verdade é que ela tem mais chance de desvalorizar do que se valorizar.

Confesso que a própria dogcoin, na qual consegui a alta lucratividade no relato anterior, era uma **shitcoin**. Porém, eu entrei nessa criptomoeda sabendo exatamente quais eram suas características e não acreditando que ela tinha um bom projeto. Minha entrada foi única e exclusivamente porque percebi a tendência de alta dela e estava operando no daytrading, o que significa que eu não ficaria nessa cripto por muito tempo. Afinal, eu sabia que a qualquer momento ela poderia despencar – como realmente aconteceu – e eu precisava estar preparado para me antecipar a essa queda e sair dela no momento certo, obtendo lucro e não prejuízo.

SE CONECTE COMIGO

Antes de lançar o meu curso on-line, passei algumas semanas vendendo cursos de outros especialistas do mercado financeiro e ganhando comissão por essas vendas – além de também operar com algumas criptomoedas. O primeiro curso que passei a vender custava R$197,00 e a cada venda eu ganhava 60% de comissão (R$105,00). Porém, após fazer algumas vendas desse curso, o produtor aumentou o preço para R$997,00 e, além disso, o produto não podia mais ser comprado automaticamente, exigindo um cadastro on-line do comprador. Isso significou o surgimento de barreiras significativas para que eu continuasse a vender o produto digital.

Então, eu me afiliei a um ebook também sobre o criptomercado, que valia cerca de R$39,00 e pagava 60% de comissão (R$20,00) por venda. Eu consegui vender poucos ebooks e me desanimei com o mercado de afiliados e comecei a pensar em desenvolver o meu próprio conteúdo. Nessa época pensei: "Já estou operando nesse mercado há 8 meses. Daqui a pouco faço um ano e já tenho algum conhecimento intermediário. Vou criar o meu próprio curso!

Não tem mais como eu ficar na mão de outras pessoas. Se muda o jogo, mudam as regras. Me sinto como alguém que quer construir sua própria casa no terreno dos outros."

Então, foi assim que decidi lançar o meu próprio curso. Essa experiência foi boa para eu ver que eu precisava parar de trabalhar pela projeção dos outros e passar a trabalhar pelo meu próprio reconhecimento no mercado.

Quando lancei meu curso, passei a vendê-lo para a audiência que eu já vinha formando há algum tempo, tendo dois grupos no WhatsApp e um no Facebook. Neste segundo grupo eu orientava investidores de todo o Brasil e promovia uma criptomoeda especificamente, que era a TRON. Quando percebi, já havia me tornado um tipo de "embaixador" dessa criptomoeda e entendi que estava trabalhando de graça para os criadores desse ativo: "Estou trabalhando de graça aqui, sou embaixador dessa criptomoeda, estou trazendo conteúdo, mas nenhum dos criadores dessa cripto me paga nada. Vou mudar o nome do grupo para Tubarão Bitcoin!" – pensei.

Eu sei que o novo nome do grupo era horrível, mas foi o que me veio à mente no momento, porque no mercado de criptomoedas a imagem do tubarão é sempre associada a uma grande expertise nas operações.

Mas passou um tempo e mudei novamente o nome do grupo, colocando nele o meu próprio nome, Alexandre Bianchi junto com meu próprio canal do Youtube e Instagram e vi que eles passaram a crescer cada vez mais, me provando que já estava consolidada a minha autoridade no criptomercado.

FALAAAA TUBARÕE$$$$...

Bem, é verdade que existem perdas e lucros, mas o que precisa ser adquirido no mercado de criptomoedas é um conhecimento e experiência tal que minimize a insegurança e traga ao investidor a sensação de estabilidade em meio a volatibilidade.

Sendo assim, incluo este depoimento de um aluno, Edgard Ladeira, que aprendeu a importância de desenvolver um conhecimento tal, onde percebemos resultados, não só no seu ganho, mas também na sua sensação de segurança ao operar, refletida em seu depoimento pela palavra "garanti". Garantia é algo que nos é precioso em tempos de descartes e instabilidade.

AGIR É GERENCIAR

PARTE 2

4

RISCOS... RECONHEÇA, RESPEITE E SAIBA GERIR

Gestão de Risco no três níveis aplicada ao cripto mercado

"Risco significa que podem acontecer mais coisas do que de fato acontecerão"

— Elroy Dimson, economista e professor

Creio que a este momento da nossa leitura você já não tenha mais dúvidas do quanto é importante começar a investir no mercado de criptomoedas. Mas preciso lembrar que a decisão de fazer o investimento também gera uma necessidade, que é a de **gerir os investimentos**. Afinal, investir sem gestão também pode significar desperdício de dinheiro. Por isso, toda pessoa que investe tem que estar apta a gerir seus próprios investimentos e esta é uma verdade que vale não somente para o criptomercado, mas para qualquer área de nossas vidas.

Imagine que um empresário investe em um novo negócio, e simplesmente aporta uma generosa quantia de dinheiro para financiar a ideia e não mais se preocupa em acompanhar o avanço dessa empresa, se ela está dando lucro ou prejuízo, se está precisando de mais equipamentos ou desenvolver novas estratégias para crescer no mercado. Parece loucura, não é mesmo? Da mesma forma acontece quando você investe em criptomoedas – ou até mesmo outros ativos do mercado financeiro – e não gerencia esses investimentos com regularidade.

Por isso, é importante investir, mas também é essencial acompanhar o desempenho de cada criptomoeda que foi incluída na carteira, porque é com esse acompanhamento que será possível saber se é vantajoso continuar naquela cripto ou se é melhor sair dela. Vale lembrar que esse gerenciamento pode ser muitas vezes surpreendente.

Quando em 2017 investi no projeto da criptomoeda Tron, ela se dizia muito promissora, já que seu fundador, Justin Sun, havia estruturado bem a proposta, tinha um network que envolvia uma das maiores redes on-line de varejo da China (Alibaba.com) e chegou a reforçar com publicações em suas redes sociais que estava fechando uma parceria com essa plataforma de compras. Já é possível imaginar o quanto essa informação gerou especulações sobre a Tron. E, de fato, muitas pessoas compraram essa cripto acreditando em sua valorização por estar associada a uma grande rede de compra e venda do mercado internacional.

A questão é que o tempo foi passando e a tal promessa de parceria com a grande plataforma on-line de compra e venda de produtos jamais se concretizou. Os investidores que acompanhavam as notícias e o mercado entenderam que Justin Sun havia divulgado a informação para que sua criptomoeda tivesse o que chamamos de hype – alta rápida em razão da especulação no mercado – e logo saíram do ativo.

Falando em números, o que ocorreu foi que, devido ao hype, a Tron saiu do top 50 e chegou ao top 5, mas não se sustentou na alta posição e despencou, porque perdeu sua credibilidade, apesar do projeto ter causado boa impressão no início. Essa criptomoeda se tornou um ótimo exemplo de uma proposta que focou mais no marketing do que em sua própria solidificação e validação.

Promessas como a formação de parceria com o Alibaba.com e até mesmo a "descentralização da internet" foram propostas de forma exageradamente ousadas e que levaram a moeda às alturas, mas também, quando se revelaram apenas propaganda enganosa, fizeram tal criptomoeda despencar, entrou em descrédito. Por isso é importante gerenciar bem os investimentos. Afinal, no caso da Tron, o projeto transparecia credibilidade, boa estrutura, mas era, na verdade, uma mentira muito bem montada. Os investidores que estavam nela e não tiveram o cuidado de acompanhar o mercado regularmente tiveram grandes prejuízos. Já aqueles que estavam na cripto, mas gerenciavam seus investimentos, souberam a hora certa de sair e minimizaram suas perdas.

Se o investidor – seja holder ou trader – compreender que o mercado de criptomoedas não depende simplesmente de um vento a favor ou contra, vai começar a estudar, praticar e gerir seus investimentos. E isso pode ser feito de diversas formas.

Além da própria análise técnica em si, com os padrões gráficos, é importante acompanhar as redes sociais dos donos das criptomoedas investidas e também se manter com informações atualizadas sobre os **entregáveis**, se estão todos os ativos entregando corretamente. Alerto sobre este último fator, porque é possível ocorrer algum problema de perda de chave privada ou ainda há o risco de alguma corretora ser hackeada. Então, se todo investidor quer ser próspero, precisa não somente investir, mas também gerir seus investimentos.

GESTÃO DE RISCO APLICADA AO MERCADO

Conhecido como um dos maiores investidores do mundo no mercado financeiro, o empresário e executivo Warren Buffet costuma dizer que "a primeira regra do investimento é não perder dinheiro". Apesar de ser um tanto desafiadora, essa verdade continua sendo a principal meta do investidor que compreende todo o funcionamento, não somente das criptomoedas, mas de qualquer opção do mercado.

No gráfico dos ativos financeiros, por exemplo, temos a parte verde (lucro) e a parte vermelha (prejuízo). Muitos investidores só olham para a parte verde e confesso que ela é realmente sedutora. Afinal, quem não gosta da ideia de se beneficiar com a bola de neve que os juros compostos podem gerar quando um ativo se valoriza rapidamente.

Porém, o que os investidores também precisam ter em mente é que esses mesmos juros compostos também se efetuam em juros negativos quando o ativo está em queda. Então, é possível ver que quando uma pessoa tem 5% de perda – o que pode ocorrer em qualquer área do mercado financeiro e não apenas com criptomoedas – será preciso lucrar novamente 5,3% para recuperar o que foi perdido. Na mesma linha de raciocínio, se houve perda de 10%, será preciso lucrar cerca de 11,2% para se recuperar da perda.

Então, se o investidor tiver uma perda de 50%, nesse ponto será preciso fazer 100% de lucro para recuperar a banca e se ele tiver uma perda de 80%, terá de lucrar 400% para se recuperar do prejuízo. Dessa forma, aquela bola de neve que antes se formava para gerar lucros, também pode se formar para dar prejuízos e exigir lucros cada vez maiores como forma de compensação. Por essa razão, a gestão de risco no mercado é um dos pontos mais importantes sobre o qual o investidor precisa estar sempre atento.

Fato é que, o que eu considero um ponto crucial da gestão de risco **é** o cuidado de o investidor jamais fazer uso de 100% do capital nas operações com alta alavancagem. Essa prática é um exercício muito eficiente para manter a **ganância** sob controle e evitar que o investidor entre em um ciclo de ilusão que encontrou a criptomoeda que será a próxima a disparar na valorização. Cuidado com a ganância!

SUPERANDO A GANÂNCIA

Essa visão ilusória sobre o mercado, na qual o investidor age como um jogador de cassino ou um "caçador de criptomoedas que são grandes promessas", pode ser muito perigosa, porque pode levá-lo **não a obter lucros, mas sim a se endividar ainda mais. Por isso, vou citar aqui alguns erros – muitos deles, fora das operações – que podem ser evitados por esse exercício de controlar a ganância, resultante da gestão de risco.**

O primeiro erro a ser evitado é **pedir dinheiro emprestado** para investir. Todo investidor consciente sabe muito bem que qualquer investimento – por mais conservador que seja – envolve um risco. Por isso, ao fazer um empréstimo no banco ou pedir uma quantia emprestada a amigos ou familiares, para aplicar em uma criptomoeda, por exemplo, a pessoa está se arriscando a não ter como pagar essa dívida que acabou de contrair.

Já vi muitas pessoas recorrendo a empréstimos com agiotas, porque não faziam a gestão de risco corretamente, perdiam todo o dinheiro investido e, por ter o nome com restrições junto aos serviços de proteção ao crédito, não tinham mais como fazer empréstimos nos bancos e seus parentes já não queriam mais se envolver. A situação pode parecer crítica e até mesmo distante da nossa realidade, mas todos nós estamos vulneráveis a esse contexto se nos lançarmos ao mercado sem a devida gestão de risco.

O segundo erro é **vender bens** para investir no mercado de criptomoedas. Me lembro de ter visto nas redes sociais o triste depoimento de uma mulher que vendeu o próprio carro para comprar Bitcoins, que na época estavam valendo 20 mil dólares e posteriormente veio a cair para 3 mil dólares. Ao saber disso, você pode até questionar: "Por que você acredita que essa mulher fez um mal negócio ao comprar Bitcoins, se hoje essa criptomoeda está tão valorizada?"

O problema não foi a compra do Bitcoin em si e sim a visão que ela teve de mercado. Primeiramente, ela vendeu o próprio carro – que parecia ser um bem importante para ela – para comprar a criptomoeda. E justamente pela falta de gestão, acabou se desesperando ao ver o ativo despencar para 3 mil dólares e saiu da cripto, com um prejuízo de 85%. Se ela tivesse uma visão mais sensata do mercado, talvez tivesse esperado mais e hoje estaria se beneficiando com a valorização do Bitcoin.

Outro erro que também considero que pode ser evitado pelo uso da gestão de risco é o de **aplicar um dinheiro que já tem um propósito definido** e não pode correr risco algum de ser perdido. Então, vamos supor que a pessoa poupou durante um tempo e acumulou uma quantia de R$100 mil. Bem, talvez ela estivesse economizando para dar entrada em uma casa, comprar um carro ou então guardando como reserva de emergência. De qualquer forma, esse é o patrimônio que ela tem em dinheiro. Caso ela queira começar a investir, não é sensato que ela aplique toda essa quantia em criptomoedas. Primeiramente, porque ela ainda não conhece bem o mercado. E em segundo lugar, aplicar todo esse dinheiro seria o mesmo que arriscar perdê-lo por completo.

Por isso, recomendo que os investimentos comecem um tanto tímidos em comparação ao patrimônio do investidor, porque é preciso aprender o funcionamento do mercado para adquirir segurança nas operações e gradualmente aumentar os aportes, de modo que em certo momento os rendimentos serão tão satisfatórios que não será mais preciso investir quantias externas e apenas reinvestir o próprio lucro... Isso sim é o ideal!

GESTÃO DE BAIXO, MÉDIO E ALTO RISCO

Se a gestão de risco é importante, vale a pena lembrar também que no caso específico do holding é preciso considerar os diferentes níveis desse risco, que podem variar conforme as propostas dos projetos de cada criptomoeda.

Fato é que há milhares de criptomoedas diferentes já lançadas e outras novas continuam sendo lançadas no mercado. Mas então, como é possível avaliar se uma cripto é de alto, médio ou baixo risco?

1. Entre os vários fatores que devem ser analisados ao se investir em uma cripto, existe um que é bem importante que deve ser usado como critério para avaliar esse ponto: é a proximidade da cripto em relação à capitalização do mercado no CoinMarketCap[10]. Então, basicamente, quanto mais próximo do primeiro lugar ela estiver nesse ranking, mais segura a criptomoeda tende a ser, porque isso indica que há mais dinheiro aplicado nela e se há mais dinheiro aplicado, significa que os investidores estão aderindo ao projeto, porque ele tem fundamento, porém, como citado anteriormente, ainda assim o investidor deverá analisar

10 A capitalização global do criptomercado (**market cap**) é o valor total investido em dólares de todas as **criptomoedas** que estão em circulação no mercado, ou seja, desde o top 1, que é o Bitcoin, até o ranking 10.000 + que tem no mercado. O **CoinMarketCap** é o principal site do mercado de criptomoedas, é basicamente uma plataforma gratuita onde os investidores possuem acesso aos principais dados, informações e estatísticas sobre todas as moedas disponíveis, servindo como um grande ponto de partida de estudo e análise de um determinado ativo, para estudar se vale a pena ou não investir.

outros fatores. Apesar de não ser uma estratégia tão comum no criptomercado, caso algum deles queira investir somente com projetos de **baixo risco**, recomendo que tenha 70% de uma cripto que esteja em primeiro lugar no ranking e 30% de outra que esteja em segundo lugar.

2. Já para a gestão de um perfil de **médio risco** (moderado), sugiro que se invista divididas em: 30% com um projeto que esteja em primeiro lugar no ranking, 20% com um de segundo lugar, e outros 50% divididos igualmente entre pelo menos outras 8 criptomoedas que estejam abaixo, mas ainda possuindo um projeto bem firmado.

3. E para a gestão de **alto risco**, sugiro que o investidor invista de forma ainda mais descentralizada, possuindo ainda 30% em um projeto de ranking 1 e com o resto com as mais variadas posições no coinmarketcap, incluindo até mesmo projetos de baixa capitalização, mas que podem entregar uma rentabilidade em prol desse risco maior.

ELIMINANDO ERROS NO CRIPTOMERCADO A LONGO PRAZO

Apesar da gestão de risco do investidor poder ser feita em níveis diferentes, apenas isso não basta, é necessário armazenar da maneira correta. O primeiro fator de atenção nesse tipo de gestão é exatamente a importância de usar uma carteira digital – que pode ser de hardware, por exemplo – e não deixar todo seu investimento na plataforma da corretora. Creio que esta seja uma das melhores maneiras de gerenciar o risco no mercado, caso o investidor não esteja considerando que deve passar mais tempo em cada criptomoeda.

O uso dessa carteira traz mais segurança ao investidor, porque ela tem uma chave privada, entre outras ferramentas de proteção. Sendo assim, se a corretora for hackeada, os hackers **não podem pegar todo o dinheiro do investidor, porque a maior parte dele está protegida na carteira digital.**

É bem verdade que além da carteira de hardware **há vários outros tipos, como a de** desktop, a de browser, entre tantas outras. Mas o que eu sempre gosto de destacar é que todo o sistema de segurança dessas ferramentas **é** apenas um acréscimo à segurança que o próprio usuário já faz de sua própria carteira. Afinal, não adianta nada a pessoa ter o sistema mais seguro do mundo se compartilha seus dados, se deixa a carteira logada em diversos dispositivos diferentes ao mesmo tempo ou se não faz uso de um bom antivírus.

Vale lembrar que em qualquer um desses perfis, não é recomendado que o investidor tenha em sua carteira apenas uma criptomoeda e nem mesmo que só invista em criptomoedas.

O bom investidor é aquele que sabe enxergar as oportunidades nos diversos tipos de ativos.

Pessoalmente, não condeno nenhum dos três perfis, desde que sigam esse princípio da carteira variada. Porém, gosto sempre de reforçar que o perfil moderado é o que tem mais chance de evoluir no mercado, justamente porque ele conta com a solidez das criptos de primeiro e segundo lugar no ranking, mas não desconsidera as que têm bons projetos e podem entrar em tendência de alta ou até mesmo romper a resistência.

TEM SARDINHA AÍ?

Outro fator que merece a atenção do investidor nesse perfil de mercado é o perigo do efeito que chamamos de ***pump and dump coin.*** Costumamos dar esse nome ao efeito que ocorre com uma criptomoeda – também por especulação – depois que alguém muito influente do mercado posta alguma informação nas redes sociais, dizendo que vai comprar o ativo ou elogiando aquela determinada cripto, por exemplo. Dependendo do momento da postagem e da influência da pessoa, essa publicação pode levar a moeda a um pico, mas, geralmente, logo depois ela volta a cair.

Me lembro de um ótimo exemplo de ***pump and dump***, que ocorreu em 2017 e acabou prejudicando muitos investidores desavisados. Na época, John McAfee – já falecido programador e criador de um antivírus que leva o seu sobrenome – costumava criar grupos em aplicativos de mensagens, nos quais enviava "dicas" de criptomoedas para investir. Como os grupos eram grandes e diversos, os ativos que ele sugeria realmente alcançavam uma valorização notável. A questão é que quando a cripto chegava ao topo, ele a vendia. Então, ele usava desse tipo de atividade polêmica, com criptomoedas que muitas vezes nem tinham um bom projeto, para se beneficiar da explosão delas no mercado.

Todos podem cair nesse erro de entrar em ***shitcoin's*** e a pior parte, não sair delas na hora certa, se prejudicando com a queda e esperando que um dia elas voltem ao pico. É bastante comum que o iniciante – ainda maravilhado com a forma como o Bitcoin e outras criptomoedas das primeiras posições do ranking se valorizaram – acredite que o mesmo irá acontecer com criptos que nem mesmo têm um projeto bem definido.

Esses erros de acreditar em lançadores de pump and dump e também praticar hold com shitcoin's também traz a deixa para outro fator que merece atenção no criptomercado a longo prazo: a **diversificação errada da carteira de *holding***. Então, vamos supor que o investidor compre 50 criptomoedas de várias posições diferentes no ranking, mas não separa sequer uma pequena porcentagem para uma de baixo risco. Considero essa "estratégia" um erro, porque projetos mais sólidos trazem robustez e longevidade aos investimentos.

Esses e tantos outros erros comuns ao criptomercado de longo prazo podem ser evitados com uma boa gestão de risco, que também tem como função identificar justamente esses tropeços que qualquer investidor iniciante está propenso a cometer.

DIVERSIFICAR TAMBÉM É SE PREVINIR

Considerando que o mercado financeiro como um todo – o que envolve também as criptomoedas – sempre passa por momentos de instabilidade, e isso é algo saudável neste cenário, entendo e reforço que um fator que precisa estar no gerenciamento de risco e o torna ainda mais eficaz é a diversificação da carteira.

Atualmente, pode-se afirmar que a diversificação é um dos pontos principais da gestão de risco, justamente pelo fato de que é por meio dela que o investidor evita se expor tanto às oscilações do mercado e por isso que reforço os benefícios de uma carteira no perfil moderado, de médio risco, pois ela possibilita mais a descentralização dos investimentos e aumenta as chances de lucros, enquanto minimiza os possíveis prejuízos, sempre com um bom nível de segurança.

Vamos supor que o mercado esteja passando por uma fase na qual o próprio Bitcoin está em queda, como já ocorreu por diversas vezes na história dessa criptomoeda. Os investidores mais conservadores podem ser prejudicados com esse declínio, pelo fato de não terem uma variedade maior de criptos na carteira.

Porém, para o investidor de perfil moderado, com uma carteira de médio risco, a baixa do Bitcoin não será um problema tão significativo quanto para o conservador, porque essa carteira mais variada lhe dá opções que podem compensar esse efeito que até então parecia ser "inesperado".

E vale lembrar que essa diversificação não conta apenas para os tipos de criptomoedas, mas sim para outros ativos do mercado que não sejam criptos. Sei bem que neste livro estou abordando a importância do criptomercado, mas seria desonesto recomendar que um investidor aplique todo o seu capital apenas nesse tipo de ativos.

Falando em números, recomendo que um investidor limite o risco cripto não investindo mais que 25% nesse mercado, dividindo esse espaço com outros ativos também rentáveis e que merecem ser considerados, como ações, fundos imobiliários, entre outros.

Essa diversificação de caráter preventivo é importante, porque eventos de "cisne negro" – nome usado no mercado financeiro para situações totalmente imprevisíveis – podem acontecer. É possível que a máquina de blockchain de Bitcoin sofra algum dano, por exemplo, e isso causa um medo máximo no mercado. Tudo pode desvalorizar rapidamente. Por isso, precisamos mitigar o risco de cada setor e diversificar a carteira acaba se tornando a principal estratégia do gerenciamento de risco, de forma que o investidor até se dispõe a correr certos níveis de risco, porém sempre considera que o faz por estes serem "riscos estratégicos", que são sempre acompanhados de um bom gerenciamento.

Fato é que se olharmos com uma visão até mesmo apocalíptica e imaginarmos que o criptomercado pode virar pó como um todo, o investidor que gerencia seus riscos estrategicamente não estará exposto a perder tudo.

Concordo que, atualmente, nada vai trazer tanto rendimento quanto os projetos de criptomoeda. Porém, o verdadeiro equilíbrio ocorre quando ele tem um portfólio diversificado, quando mitiga cada subnicho dos investimentos existentes, como setor imobiliário, ações, renda fixas e, logicamente, de criptomoedas.

OPORTUNIDADES OU ARMADILHAS?

Há outros erros que também podem ser cometidos – tanto no daytrade, quanto no critptomercado a longo prazo – devido às propostas que surgem para o investidor, vendidas como grandes oportunidades, mas que na verdade são verdadeiras armadilhas. Quero citar aqui alguns desses exemplos, porque também estão se tornando cada vez mais recorrentes e surfando na onda resultante da explosão do marketing digital.

Uma dessas propagandas enganosas são as **pirâmides de criptomoedas**, que prometem ao investidor um falso "rendimento fixo", seja semanal ou mensal. Essas propostas são desonestas, porque o mercado é dinâmico, os pagamentos são dinâmicos e por isso, não existe nada fixo! Então, se você pretende investir e recebeu alguma proposta de entrar para alguma cripto ou carteira com diversas criptomoedas com "renda fixa", já pode classificar como golpe e recusar o convite.

Há também a proposta que considero um outro grande golpe, que é a venda de acessos a **robôs de investimento** que operam no mercado, sob as promessas de lucros astronômicos. A verdade é que, em muitos casos, após sucessivos usos do investidor que o opera, passa a ter prejuízos, de forma que só quem ganha de verdade são os desenvolvedores e os vendedores dessas ferramentas.

Outra armadilha da qual os investidores devem fugir são os **grupos de sinais.** Eu considero a venda de acessos a esses grupos como propagandas enganosas, porque os iniciantes jamais vão conseguir lucrar com as "dicas" dadas nesses grupos fechados. Digo isso porque esses sinais são muito específicos e qualquer segundo a mais, ou a menos, na hora de operar a entrada por meio desses sinais, pode interferir no resultado. Por essa razão, os sinais quase sempre estão atrasados e os investidores vão estar comprando as criptos na hora errada, tomando prejuízos.

Há também a armadilha da **mineração na nuvem**. Na maioria dos casos elas são fraudes que prometem rentabilidades fixas, ou seja, são pirâmides financeiras com uma roupagem diferente e moderna.

Ao final das contas, visto que é preciso estar atento e fugir dessas armadilhas mascaradas de "oportunidades", só reforçamos a ideia de que para alcançar êxito no mercado de criptomoedas é preciso estudar, fazer uso constante da análise técnica e também da gestão de risco – seja ela específica para o daytrade ou para o mercado de longo prazo, de alto, médio ou baixo risco... além de, claro, praticar.

> O criptomercado não é questão de uma ou duas "jogadas de sorte", mas sim de dedicação, aprendizado e uma visão estratégica sobre cada ativo.

Fato é que sempre quando o investidor for colocar o seu dinheiro suado em qualquer criptomoeda visando o longo prazo, precisa pelo menos buscar o site do projeto, ver sobre o que está sendo falado sobre essa cripto em outros países, entre outras pesquisas.

No meu treinamento existe um módulo chamado **análise fundamentalista** no qual eu ensino o passo a passo para o investidor analisar uma criptomoeda e entender se ela se classifica ou não como uma oportunidade promissora ou uma armadilha para a sua realidade e contexto.

PROGRESSÃO NO INVESTIMENTO

No daytrade é muito importante que o trader ou investidor entenda que os investimentos ocorrem de forma progressiva. Sendo assim, recomendo mais uma vez que o início seja de operações com valores mínimos, para que ele possa sentir o mercado e também montar o seu próprio operacional. À medida que sentir cada vez mais consistência nas operações, verá que já é possível reinvestir o seu próprio lucro obtido no mercado e depender cada vez menos dos aportes externos.

Então, à medida que ele vai fazendo a progressão de seu capital com mérito de seus próprios lucros no mercado, esse avanço – não instantâneo, mas consistente – também o ajuda a gerir o seu emocional, porque compreende que o crescimento ocorre diariamente e não em poucas horas. É um processo.

Para ilustrar o conceito da progressão, vamos supor que a pessoa começou com 5 mil reais de capital investido. É bem possível que ela chegue aos 20 mil ou 50 mil – em alguns meses ou um ano – com aportes ao longo do tempo. Porém, se ela aplicar bem os conhecimentos da análise técnica e do gerenciamento de risco, também pode acumular esse valor investindo menos aportes e reinvestindo muito mais de seus lucros. Esse reinvestimento é exatamente o que pode trazer ainda mais segurança para que ela continue operando e de forma progressiva, aumentando regularmente uma porcentagem em suas metas e fortalecendo seu fator emocional. Do contrário, quem tenta chegar a esse valor muito mais pelos aportes externos, tende a não equilibrar o emocional devido à falta de vivência prática e acaba sofrendo mais com o mercado.

Por essas e outras razões, sempre reforço a ideia de que no mercado de criptomoedas, o início é de pequenas conquistas, mas muito significativas, porque essas vitórias não se limitam apenas aos ganhos financeiros e sim ao aprendizado da análise técnica, do gerenciamento de risco, à dedicação do tempo de tela, do controle emocional (que aprofundo o assunto adiante), entre outros fatores. Os lucros são consequências de toda construção.

IMPOSTOS: NÃO CAIA NA MALHA FINA

Bem, a este ponto da nossa leitura, realmente espero que você já esteja com sua mente bastante voltada para o criptomercado, porém preciso seguir lhe conscientizando sobre o contexto desse mercado como um todo. Concordo que a possibilidade de lucrar com as criptomoedas é real e muito satisfatória quando ocorre de fato. Porém, há certas obrigações que acompanham esses ganhos – no mercado financeiro de modo geral – que precisam também estar no foco do investidor. Um deles é a carga tributária, que se não for respeitada, pode gerar problemas para quem está simplesmente vislumbrado com o sonho de enriquecer com as criptos.

A lei é clara: não há como fugir dos impostos no mercado financeiro. É bem verdade que existem diferentes taxas de tributação para cada mercado financeiro. Mas a verdade é que nenhum deixa de ser cobrado.

Não quero desenvolver aqui um estudo sobre esses impostos, porque creio que o assunto é complexo e suficiente até mesmo para gerar outro livro apenas sobre esse tema. Porém, não posso deixar de alertar. Quando está dando certo (lucros), é maravilhoso, o investidor/trader se entusiasma com a progressão de seus ganhos. Porém, se ele se esquecer de pagar os impostos devidos sobre esses lucros, um dia pode cair na malha fina da Receita Federal e seus sonhos podem se tornar pesadelos em um instante.

Na dúvida, vale a pena pedir a orientação de um profissional da área contábil sobre esse processo de tributação. Eu mesmo conto com o apoio de um setor de contabilidade para os meus investimentos, justamente porque me preocupo em fazer a minhas operações dentro da lei. Concordo que como o criptomercado ainda é relativamente novo, nem todos os contadores saberão orientar, mas por outro lado, há muitos profissionais da área contábil que já estão buscando atualização e podem dar informações seguras sobre o assunto.

SE CONECTE COMIGO

Já que abordamos neste capítulo a importância de contar com a progressividade e celebrar as pequenas conquistas para alcançar os objetivos maiores, creio que seja válido eu contar sobre o momento em que decidi investir no lançamento do meu primeiro curso online.

Na época em que decidi investir na criação do curso, eu já havia concluído a minha faculdade, fiz até uma pós-graduação no desespero para tentar ganhar dinheiro, mas não deu frutos; o mercado de trabalho tradicional não me dava segurança, pois algumas pessoas vingam e outras não; estávamos vivendo uma época de desemprego em massa. E eu vi que poderia trilhar um caminho diferente. Em paralelo a toda essa situação, eu já estava operando no mercado há cerca de um ano e vinha obtendo bons resultados para quem ainda estava em um nível intermediário. Então, eu percebi que tinha uma boa aptidão para o criptomercado e pensei: "Se no nível intermediário estou obtendo estes bons resultados, posso estudar ainda mais e conseguir voar nesse mercado!"

Então, à medida que eu me aprofundei nos meus estudos, minhas expectativas foram correspondidas e passei a sentir segurança no meu método de operar, de modo que vi que os resultados das minhas estratégias poderiam gerar outros lucros para mim quando compartilhadas no mercado de infoprodutos. Eu realmente queria me tornar um empreendedor on-line, disponibilizando o meu conhecimento, e foi na ideia de lançar um curso que eu visualizei a realização desse objetivo.

Com isso, eu comecei o desenvolvimento do curso em junho de 2018 e o lancei em outubro do mesmo ano. O meu propósito com o curso sempre foi unir o útil ao agradável. Ao mesmo tempo que eu passava a ajudar os brasileiros a investirem com segurança e lucratividade no mercado de criptomoedas, também era remunerado pelo conhecimento que eu estava repassando, além de estar sempre atualizando o meu aprendizado na área devido ao novo empreendimento. No crescimento progressivo, um passo leva a um novo passo, um de cada vez, sempre crescente.

FALAAAA TUBARÕE$$$$...

Quando comecei a compartilhar o meu conhecimento sobre o criptomercado nos meus cursos online, realmente esperava que o meu trabalho fosse relevante e fizesse a diferença na vida das pessoas. Mas não há como não me sentir surpreso e também satisfeito ao receber depoimentos como os de Jocimar Pereira, que exponho logo a seguir.

Jocimar destaca a importância de um aprendizado e acompanhamento de forma séria. Ressalta o seu ganho e ao mesmo tempo incentiva outros ao mesmo aprendizado, pois este é o resultado que acompanha aqueles que se sentem vitoriosos em sua trajetória, convidando outros a experimentar o mesmo.

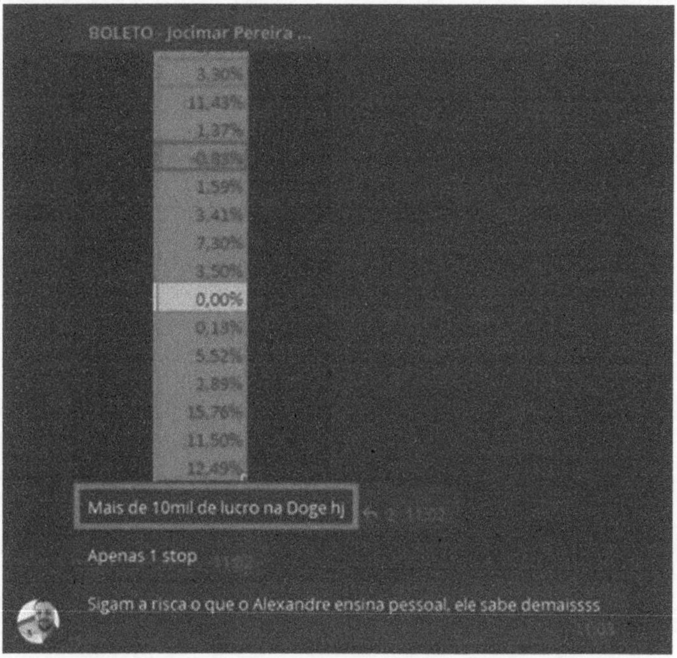

5

GERIR INVESTIMENTOS É GERIR EMOÇÕES

Controle emocional em busca de melhores resultados

"O Mercado de Criptomoedas é o futuro da validação, transferência e segurança de ativos globais sem necessidade de um intermediário. Todos os mercados vão fazer parte de um só global..."
— Wellington Sanctorum, estudioso e entusiasta de criptomoedas

Existe uma tremenda variedade de emoções que, se não identificadas e reveladas, poderão levar o investidor à ruína e à falência, como já evidenciado. Por isso, o primeiro passo para estabelecer o controle emocional é entender o funcionamento dessas emoções, as origens delas e o desenvolvimento de cada uma, para então conseguir lidar melhor com elas e evitar que suas operações e seus resultados profissionais sejam afetados pelas mesmas de forma negativa.

Mas antes de continuarmos, vale recorrermos à definição do termo em questão neste capítulo, respondendo à pergunta "O que é emoção?". Segundo o Dicionário "Oxford Languages" para a Língua Portuguesa, o termo **emoção** indica "agitação de sentimentos; abalo afetivo ou moral; turbação, comoção". E quando falo administrar as emoções, não me refiro ao fato de simplesmente agirmos como se as emoções não nos atingissem, mas sim de forma que reconheçamos a existência delas e possamos gerir cada uma com sabedoria.

Associando as emoções mais especificamente ao mercado financeiro, é preciso saber que elas podem surgir antes, durante ou depois das operações. Por isso, a percepção e gestão emocional tem de ser constante para que o investidor ou trader não deixe que tudo se torne uma grande bola de neve, se tornando um ciclo vicioso difícil de ser detido.

Neste capítulo vamos deixar ainda mais claro o quanto a gestão de risco está totalmente ligada à administração das emoções, porque as oscilações do mercado financeiro são inevitáveis e podem desestabilizá-las em quem se deixa abalar por um ou outro momento de queda.

Não sou um profissional da psicologia, minha pretensão não é esgotar o assunto ou abordá-lo de forma acadêmica, porém vou pontuar a seguir as principais emoções com as quais devemos ter cuidado em relação à nossa atuação no mercado financeiro, pois estas, quando agem de forma inconsciente, podem ser as vilãs das operações, as causadoras de grandes prejuízos e até endividamentos.

EMOÇÕES: IDENTIFICAR PARA TRATAR

Creio que o primeiro passo para lidar com a variedade de emoções que possuímos, de forma mais assertiva possível, é saber identificá-las, para só então buscar formas de administrá-las. Sendo assim, vou pontuar a seguir as três principais em relação à nossa atuação no mercado financeiro, que são: **medo**, **raiva** e **ganância.**

Cada emoção citada pode surgir apenas como uma sensação passageira, algo que aparentemente não tem poder de gerar grandes problemas para o investidor ou trader, mas a verdade é que... se o investidor se deixar dominar por elas, pode acabar envolvido em uma diversidade de problemas.

Medo. Suponhamos que o mercado esteja em queda, com boa parte dos ativos desvalorizando bastante. Então, por **medo** – aliado à falta de gestão de risco e análise técnica –, o investidor se livra de um excelente ativo, que poderia até retomar o preço futuramente, no pior momento, que é o período de baixa. Falando em números, se ele comprou uma criptomoeda por 50 e ela caiu para 30, se for uma moeda mais sólida, mais estável, se desfazer dela nesse momento em que ela já desvalorizou, não é uma boa ideia.

Concordo que muitas vezes o medo nos alerta sobre riscos e nos livra de perigos. No mercado financeiro, por exemplo, a decisão de não entrar em uma criptomoeda que não tenha um bom projeto, no fim das contas, é influenciada pelo medo de perder dinheiro e isso é sinal de prudência. Por isso, não sou a favor de que o medo esteja totalmente fora das operações, mas sim que ele esteja administrado de forma o mais racional e embasada possível, porque quando esse sentimento domina o trader, pode "cegá-lo", impedindo de considerar os indicadores na análise técnica e na gestão de risco e levá-lo a tomar decisões que vão fazê-lo perder muito dinheiro ou atrapalhar sua evolução de alguma forma no mercado.

Para manter esse medo no seu lugar de sinalizador e não dar ao mesmo a última palavra, nada melhor que o conhecimento. Por isso, quando o trader se vê diante de uma nova criptomoeda, poderá administrar seu medo ao saber que, apesar de ela ser um tanto desconhecida, tem um bom projeto e pode ser uma boa oportunidade de lucrar no mercado. Ou quando ele perceber que uma das criptos em sua carteira está desvalorizando, poderá gerir o medo, sabendo analisar quando, e se, a venda dela pode ser a melhor solução para evitar maiores prejuízos. Administrando bem a sua emoção, o trader tem muito mais chance de evoluir no criptomercado.

Raiva. Esse segundo sentimento é bastante comum entre os traders mais imaturos, que se deixam abalar perante a volatilidade do mercado. O mercado financeiro como um todo – o que inclui também o criptomercado – tem suas inconstâncias, de modo que uma criptomoeda pode hoje valorizar em 70%, amanhã em 20% e depois desvalorizar 50%.

Essas oscilações diárias podem deixar os traders muito ansiosos, estressados e dominados pela **raiva**. Por não conseguir lidar com esse fator, não aceitam que em algum dia ou outro, fechem suas operações com certo nível de prejuízos. Então, esse investidor ou trader ainda imaturo começa a descontar sua raiva nas pessoas ao seu redor, como amigos e familiares.

Novamente, não estou dizendo que um trader não pode sentir-se frustrado ao ver que teve prejuízos. Obviamente, ele tem direito a expressar seus sentimentos, porém é preciso tomar cuidado para que suas operações no mercado financeiro não se tornem um agente de destruição da sua vida pessoal. Por isso é importante que o stop loss seja sempre respeitado. Se chegou ao limite diário de prejuízo, é melhor parar com as operações e buscar outra atividade – de preferência que seja um alívio para o estresse –, pois dessa forma o investidor conseguirá gerir sua própria raiva com mais eficácia.

Ganância. Jamais vou negar que as possibilidades de lucrar alto com o criptomercado são reais. Porém, esses bons resultados não são obtidos facilmente e não podem ser o único fator motivacional do trader em suas operações. O aprendizado e a aquisição de novos conhecimentos, a celebração das pequenas conquistas, devem se tornar hábitos nesse processo de crescimento. Afinal, quem hoje conta com R$ 1 milhão como resultado do criptomercado, um dia já teve R$ 100 mil, quem hoje tem R$ 100 mil um dia já teve 10 mil e quem hoje tem 10 mil um dia já teve R$ 1.000,00.

Por isso, a ganância precisa ser administrada, porque a ganância seduz as pessoas que estão à procura de bens fáceis, com anúncios de ganhos milagrosos. E essa sedução pode ser bem sutil, de modo que muitos que se deixam levar por ela, ainda não estavam em um estágio avançado de ganância, mas acabaram sendo fisgados por uma proposta de ganhos fáceis bem maquiada.

Infelizmente, por achar que o mercado se baseia no ganho fácil, essas pessoas dominadas pela ganância acabam aceitando os piores tipos de propostas, como algumas das que já apresentei anteriormente, envolvendo pirâmides, "robôs traders" ou grupos de sinais, que prometem "milagres" e, na verdade, os únicos que lucram com essas propostas são os próprios criadores delas.

> Os gananciosos buscam ganhos fáceis para alcançar a paz, mas só encontram ansiedade.

ADMINISTRAR AS EMOÇÕES

Creio que o tratamento para administrar essas três emoções específicas seja bem parecido para os três casos: medo, raiva e ganância. E minha primeira recomendação para lidar melhor com esses sentimentos tão intensos é cultivar o ingrediente principal... **a paciência**.

Em todos os meus cursos, treinamentos e mentorias, sempre reforço a importância de não menosprezar os pequenos começos. Até mesmo para aqueles que têm um patrimônio mais ostensivo disponibilizado para começar a investir, a porcentagem inicial continua sendo baixa, porque ter um grande patrimônio não significa necessariamente ter um vasto conhecimento do mercado financeiro ou até mesmo do criptomercado.

Por isso, a minha sugestão sempre é: comece pequeno, estude os princípios básicos, invista uma baixa porcentagem do que você tem disponível para os ativos, porque você ainda não conhece bem o mercado. Então, com investimentos muito altos, qualquer erro de principiante pode ser fatal.

Quem exercita a paciência para se dedicar aos estudos não se deixa dominar pelo **medo**, porque vai conhecer melhor o território onde está pisando e entender até onde pode ir, qual é o potencial de cada criptomoeda e ainda qual é o momento certo para comprar e para vender.

Quem exercita a paciência consegue ter uma visão mais ampla do mercado e não se deixa dominar pela **raiva** e pela frustração de um ou outro dia de prejuízo. Por saber que o mercado oscila constantemente, tem a consciência de que se hoje foi prejudicado pelo mercado em queda, amanhã pode se beneficiar com o mercado em alta. Sendo assim, consegue simplesmente fazer um bom uso do stop loss, fechar as operações, se ocupar com alguma atividade que elimine seu estresse e retornar no dia seguinte para operar outra vez, sem descontar essas frustrações nas pessoas ao seu redor.

E, por fim, quem exercita a paciência não se deixa dominar pela **ganância**, porque acredita que hoje seus lucros podem ser de valor baixo, mas em poucos meses, com análise técnica, tempo de tela e gestão de risco, seus ganhos já podem ser mais substanciais.

Por isso, reforço sempre que não existem atalhos para crescer no criptomercado. A única métrica para os cálculos de juros compostos, que é exponencial... é o tempo. Não há fórmula mágica, não há ganhos milagrosos. O mercado financeiro tradicional paga ao ano de 6 à 12%. Já no criptomercado, por ser um mercado financeiro mais volátil, o investidor consegue gerar uma rentabilidade muito maior, pode por exemplo dobrar, triplicar em poucos dias o seu capital, porém essa proeza sempre estará aliada a um risco maior, o pulo do gato aqui é fugir de promessas de investimentos que pagam de forma fixa, pois o mercado é de renda variável, então um mês você pode sim fazer 500% se acertar o timing de entrada em uma cripto, como foi meu caso em 2017 na criptomoeda tron e nano, mas da mesma forma pode ter meses em que você pode ficar empatado ou até no prejuízo.

> Sem um método estabelecido, não há resultado fundamentado.

Se o investidor exercitar a gestão sobre essas emoções desde o início, vai começar muito bem, porque vai evitar as operações feitas por **impulso**.

Na maior parte do tempo (80%), o trading espera o momento certo para somente então iniciar o tempo de operação (20%). Então, se ele já se assentar à frente do computador impaciente, achando que está "demorando muito" para operar, vai acabar agindo no impulso, abrindo qualquer operação e, provavelmente, se prejudicando, porque não conseguiu aguardar o melhor momento, a melhor oportunidade. A operação por impulso sempre vai expor o trader a um risco muito maior, que ele poderia amenizar se tivesse paciência e estudasse uma estratégia de entrada.

Um dos grandes riscos da ação por impulso é seguir a sugestão de um amigo ou um "guru" do mercado sobre uma criptomoeda. "Esse projeto tem tudo para valorizar 500%", diz o anúncio que parece ser um segredo, uma informação privilegiada. E, então, o trader entra nessa cripto sem nem mesmo analisar o posicionamento dessa moeda no ranking, se ela realmente tem um bom projeto ou se é apenas mais uma shitcoin entrando no hype. E o resultado, como já sabemos, muito provavelmente será o prejuízo e a frustração.

Quando exponho aqui essas emoções e a importância de administrá-las, não falo como alguém que nunca cometeu erros nesse sentido. Como qualquer trader iniciante, eu também já iniciei diversas operações por impulso, motivado pela impaciência, entrei em certas criptos somente porque alguns amigos indicaram, já operei sem delimitar suporte e resistência, e, obviamente, isso me prejudicou bastante.

Mas aprendi, reconheci que esses erros precisavam ser corrigidos e consegui corrigi-los antes de me afundar em dívidas e na minha própria ganância. Por isso, quando abordo essa questão neste livro, estou colocando diante de você a oportunidade de aprender, não somente com meus acertos e segui-los como um norteio, mas também com os meus erros, para não precisar cometê-los em sua jornada como trader.

Outro elemento também importante nessa fórmula para lidar com as emoções é descontruir o conceito de **perfeccionismo** no daytrade. O sucesso das operações está associado à probabilidade e não a uma fórmula milagrosa.

Ao mesmo tempo que existe a probabilidade do trader obter lucro, também existe a probabilidade de ele obter prejuízo. Por isso, qualquer proposta de lucro fixo no criptomercado é enganosa.

O trader não deve acreditar que vai se assentar à frente do computador e fazer AQUELA operação que vai deixá-lo milionário em apenas um dia ou algumas horas, ele não deve acreditar que sempre vai se levantar de sua cadeira após um dia altamente lucrativo de operações. Esse **perfeccionismo** também gera **ansiedade**, devido ao **medo** extremo de errar e também a potencialização da **raiva**, devido à grande **frustração** ao cometer um erro.

Então, ele já começa a ficar ansioso, porque é perfeccionista. Isso acontece muito com esse perfil de trader. É preciso aprender a lidar com isso, porque toda operação é uma exposição e por isso propensa à ansiedade.

Esse conceito de que não há operação 100% segura e livre de erros não é promovido apenas por mim, mas também pelo investidor e autor Alexander Elder, que atualmente é um dos maiores traders do mundo e também mentor de outros investidores do mercado financeiro. "Um trader precisa cometer erros para se tornar bem-sucedido", diz Alexander Elder

Por essa razão, o trader precisa se assentar em sua cadeira, diante do seu computador, sempre com a consciência de que ele pode obter lucros naquele dia ou também pode obter prejuízos. Tudo vai depender – entre outras razões – de sua análise técnica e também das oscilações do mercado naquele dia.

NÃO OPERE COM EXCITAÇÃO

Se a ansiedade é potencializada pelo medo, raiva e ganância, vale lembrar que a **excitação** – em muitos casos, uma sensação positiva – no criptomercado também pode atrapalhar as operações, pois ela pode cegar e embotar o raciocínio do trader.

Quando há lucro de 3 ou 4%, isso já é motivo para considerar aquele momento bem-sucedido, mas também não é uma razão para que o trader se sinta o mestre do criptomercado e dispense o uso do conhecimento analítico.

Ilustrando uma situação em que alguém se deixa dominar pela excitação, suponhamos que o trader tenha uma banca, começou a operar e logo neste início já obteve lucro. Então, ele faz uma segunda operação e também lucra, chegando a um ganho de 10% nesse avanço. "Cara, hoje eu estou muito bem nas operações! Já lucrei R$500,00! Vou continuar!", ele pensa.

Provavelmente, nesse momento ele já está dominado pela excitação e – ainda que inconscientemente – com a ganância também começando a crescer dentro de si. Agora, por sentir-se talvez o "o maior trader do mundo", ele começa a negligenciar o operacional, a gestão de risco e a análise técnica, porque sente que não precisa de mais nada disso, conta apenas com a "sorte que bateu à minha porta hoje", pensa.

Mas então, qual seria a melhor forma de evitar a excitação? Bem, é justamente para ajudar nesse exercício, que o stop loss e o take profit precisam ser respeitados. O que quero deixar claro com isso é que da mesma forma que **o limite de prejuízos** precisa ser considerado, o **limite de ganhos** também, porque a análise que se faz não é apenas sobre o dia de operações, mas também sobre o mês.

> O lucro, apesar de ser parte do caminho para o sucesso, deve ser considerado como algo normal, não merece uma hipervalorização se tornando um sinal de que "enquanto estiver ganhando é preciso continuar".

GERENCIAMENTO EMOCIONAL: UM EXERCÍCIO DIÁRIO

Mesmo ao reforçar a importância da gestão emocional, preciso considerar até hoje que esse exercício continua tendo um certo nível de desafio para mim em alguns momentos, após anos de experiência no criptomercado e de ter me tornado um mentor na área.

Por isso, também destaco a ideia de que é possível administrar bem as emoções por algum tempo, mas ninguém pode eliminar sua interferência negativa por completo, simplesmente pelo fato de que as emoções são um fator que compõe os seres humanos e oscilam de acordo com situações e tempos, e mais, a mente humana não é uma máquina que podemos programar para sempre acertar e nunca mais errar.

Boa parte das nossas ações serão sempre provenientes de alguma emoção. Conforme o conceito de Cérebro Trino, desenvolvido em 1970 pelo neurocientista norte-americano Paul MacLean (1913 -2007) e validado pela comunidade científica na década de 90, o cérebro se divide em três áreas, como se houvesse realmente três cérebros distintos: o **reptiliano**, que corresponde aos nossos instintos e à irracionalidade; o **límbico**, que corresponde à nossa consciência emocional; e o **neocórtex**, que corresponde à nossa consciência racional e acaba nos diferenciando de todas os outros seres vivos.

Considerando que essa área emocional influencia em nossas ações e decisões e esse é um fator da própria natureza humana, não há como nos livrarmos de uma vez por todas dos perigos das emoções. Por mais que – em um contexto ideal – consigamos administrá-las bem, ainda assim, em algum momento estaremos diante de uma situação mais desafiadora, na qual precisamos nos esforçar mais para lidar com esses sentimentos.

Por isso, sentir o medo, a raiva ou a ganância se aproximando não é exatamente o problema. Qualquer ser humano está exposto a essas emoções. Porém, o que será feito a partir do momento em que elas foram identificadas é o que fará toda a diferença na evolução ou na queda de um trader.

BLOQUEADORES PSICOLÓGICOS

Da mesma forma que há certas emoções que podem "cegar" o trader e levá-lo a adotar medidas desesperadas no criptomercado, há também os bloqueadores psicológicos, que agem por meio de certas crenças limitantes e precisam ser evitados, para que não venham a causar um retrocesso desse investidor em seu aprendizado. Vou pontuar os principais desses bloqueios a seguir:

Valentia no loss – É o tipo de sentimento que faz com que o trader acredite que não precisa de stop loss, porque sempre enxerga na próxima operação a solução para o seu prejuízo anterior. Com esse pensamento, ele toma o primeiro prejuízo e tenta mostrar que é "corajoso" o suficiente para continuar as operações e continua perdendo. Apesar de tentar convencer a si mesmo que não teve o seu psicológico afetado por essas perdas, já está começando a ser dominado pela raiva. Então, ele amplia o limite do stop loss e vai se afundando cada vez mais em suas perdas. Por fim, a valentia, movida pela raiva, se transforma em desespero sem ele nem sequer perceber.

Excesso de confiança – Este bloqueador se instala quando o trader já acumula certa experiência e alguns ganhos consideráveis, mas passa a acreditar que não precisa mais estudar, pois já "sabe de tudo" sobre o criptomercado. A verdade é que o mercado está sempre em evolução e até mesmo os mais experientes investidores precisam renovar constantemente seu conhecimento.

Medo do *Gain* – Enquanto usamos o termo em inglês "loss" para indicar a perda no daytrade, quando falamos de lucro, também usamos outro termo em inglês, que é o "gain" ("ganho"). Mas então, o que seria o "medo do ganho"? Bem, por incrível que pareça, não somente o prejuízo assusta os traders, mas o ganho também pode gerar esse efeito sobre muitos deles. Isso ocorre bastante entre os iniciantes – também por falta de conhecimento do mercado e ingenuidade – quando o investidor percebe que está lucrando, ele têm medo de fechar suas operações no lucro, tendo uma falsa expectativa que a cripto vai continuar subindo eternamente, só que o mercado é cíclico, pode reverter a qualquer momento, fora também que é humanamente impossível acertar de forma cirúrgica o ponto exato da reversão da tendência, então a máxima aqui é: lucro bom é lucro no bolso.

Perda de confiança – É bastante comum que depois de muitas perdas seguidas ou de uma grande perda, o trader perca sua confiança nas operações e esse fator acaba se tornando um bloqueador psicológico. Afinal, "de que adianta continuar se não está dando certo?". Essa falta de confiança leva a pessoa a desistir do mercado e a coloca naquela estatística de que 80% dos iniciantes desistem, enquanto os outros 20% conseguem perseverar. Confesso que nunca cheguei a quebrar a banca, perdendo literalmente tudo que tinha investido, mas já cheguei a ter um prejuízo de 56% e isso me deixou bastante preocupado. O que me salvou e me ajudou a continuar vivo no mercado foi a decisão de ser honesto comigo mesmo e fazer uso do stop antes que fosse tarde demais. "*É melhor parar agora e ficar com metade do que continuar e ficar sem nada*", eu pensei.

Fuga de outras funções – Há diversos casos em que o trader entra no famoso overtrading, ou seja, só faz isso da vida, 24 horas por dia e até nos fins de semana e feriados;

não vejo problema em trabalhar com dedicação no que se gosta, mas o problema do overtrading é que o investidor começa a ignorar outros pilares essenciais da vida, como o relacionamento com o esposo/esposa, com os filhos, começa a ficar sedentário, a não dormir direito e a comer só besteiras.

O overtrading é um sinal claro de descontrole emocional que deve ser combatido com a perspicácia de entender que até no trading é importante ter um equilíbrio nas outras funções da vida.

CUIDE TAMBÉM DO FÍSICO

Se o controle emocional é tão importante para alcançar bons resultados com as operações, os cuidados com o físico também têm seu considerável grau de importância. Por isso, quero sugerir um panorama bastante útil para identificar quais questões físicas podem influenciar direta ou indiretamente o daytrade. O trader precisa identificar quais influências externas estão ocorrendo e que podem prejudicá-lo, como vou pontuar a seguir:

Exagero de bebidas alcoólicas. Vamos supor que a pessoa tenha ido a uma festa, acaba passando um pouco da conta na bebida e, ainda sob efeito do álcool, chega em casa e decide operar no mercado. Como essas operações exigem muita atenção do trader – assim como a condução de um carro exige a atenção de um motorista –, é muito provável que em algum momento ela cometa um erro grave. Por isso, um cuidado que é preciso tomar antes de operar é não ingerir bebidas alcoólicas antes, pois isso pode alterar a capacidade de reação e o foco nas operações.

Dores no corpo. Pode parecer que não há qualquer relação entre dores físicas e operações, já que podemos fazê-las assentados em cadeiras confortáveis. Porém, o surgimento de uma dor no corpo antes de iniciar uma operação pode realmente afetar a qualidade do foco e atenção que o trader dedica àquele momento. Então, vamos supor que a pessoa esteja com uma forte dor nas costas. Recomendo que ela não opere enquanto não melhorar, porque ela simplesmente ficará tão incomodada com a dor que não conseguirá estar atenta à tela do computador e aos gráficos nela expostos; não conseguirá dar a devida atenção ao comportamento das criptomoedas, porque seu foco está sendo desviado para outras questões.

Cansaço/sono. Se um bom tempo de sono é necessário para a nossa saúde física como um todo, entendo que é preciso também que o trader esteja com seu sono e disposição física em dia, pois caso contrário, além da atenção prejudicada, abrirá uma porta para a raiva e ansiedade.

8 AÇÕES PARA GERIR BEM O EMOCIONAL

Bem, enquanto temos abordado ao longo de todo este capítulo a importância de administrar as emoções e as diversas influências - internas e externas - que podem levar à instabilidade emocional, não quero focar apenas no problema em si, mas também apresentar a solução. Por isso, vou listar a seguir 8 ações que podem te ajudar a gerir de forma significativa suas emoções. Vale lembrar que os benefícios dessas práticas não são visíveis apenas nas operações do criptomercado, mas na sua rotina como um todo.

1ª AÇÃO: Invista um dinheiro que você pode perder

Mais que simplesmente uma prática, esse passo é quase uma "lei" do mercado financeiro como um todo, porque o investidor sempre deve partir do princípio de que todo investimento envolve riscos - por menores que sejam - e esses riscos podem ir desde a desvalorização comum dos ativos até algo bem mais grave, como o perigo de uma plataforma ser hackeada.

Essa é uma das razões pelas quais sempre recomendo que o trader não invista todo o seu capital no mercado e que, dentro do seu capital investido, ele também faça uso de uma carteira variada de ativos. Reconheço que quanto maior a quantidade investida, maior também é a possibilidade de lucros. Mas da mesma forma, quanto maior o capital investido, maior será o risco. Por isso, quando o capital investido não é algo que faz parte do orçamento básico pessoal do investidor, as perdas não são tão graves.

A partir do momento em que você investe, passa a lidar com o futuro e sobre ele você não tem controle. Ele é um papel em branco.

2ª AÇÃO: Faça a progressão da banca com mérito

Respeitar a progressão com mérito é entender que, por mais que seu capital disponível para investimento seja considerável, é preciso primeiro amadurecer no mercado para depois formar uma banca grande, de preferência formada na maior parte pelos próprios lucros obtidos com os ativos e não sempre por aportes externos, vindos do seu próprio bolso.

Ilustrando melhor essa ideia, vamos supor que uma pessoa que está começando hoje no mercado tenha R$ 100.000,00 para investir. Bem, não é uma quantia baixa, mas isso não quer dizer que ela pode começar a operar tranquilamente com uma banca de R$50.000,00 porque ela ainda não pratica com um tempo de tela considerável, nem tem uma gestão emocional bem exercitada. Afinal, ela ainda não está acostumada com as constantes oscilações dos ativos e precisa ficar "calejada emocionalmente", perdendo baixas quantias, em vez de perder milhares de reais a cada operação malsucedida. É como uma pessoa querer aprender a dirigir em um carro muito potente. Isso não é recomendável, porque a qualquer momento ela pode perder a direção do veículo e, se estiver em alta velocidade, pode sofrer um acidente grave.

Cada tamanho de banca requer um tempo de tela adquirido para que a pessoa esteja operando com segurança. Operar com uma banca de R$1.000,00 é totalmente diferente de operar com uma banca de R$100.000,00.

O que eu recomendo é que 80% do crescimento da banca ocorra com reaplicações dos lucros e aproveitamento dos compostos e que 20% sejam de aportes externos.

3 ª AÇÃO: Se dedique ao tempo de tela.

No daytrade, o tempo de tela não é somente como uma conta ou um banco de horas, no qual você vai acumulando tempo e isso te deixa com "créditos". Se a lógica fosse simplesmente esta, eu não recomendaria nenhum tipo de stop. Porém, dedicar-se ao tempo de tela deve se tornar um hábito para o trader. Por isso, sempre recomendo que ele possa separar um espaço entre suas atividades diárias para **estudar** e também para **operar** no mercado.

Com essa dedicação diária, enquanto essa prática vai se tornando um hábito, o trader vai aprendendo a sentir o mercado, solidificando o price action – nome dado à análise do comportamento do preço dos ativos –, vai desenvolvendo mais velocidade nas operações, a leitura dos gráficos e, obviamente, a gestão de suas emoções, devido ao fato de conhecer cada vez mais o solo em que está pisando.

Enquanto a pessoa não operar e não adquirir um certo tempo de tela, uma certa maturidade, nunca vai ter uma administração emocional diante das situações diversas do mercado, porque esse será sempre um ambiente desconhecido e tudo que é novo pode gerar um misto de emoções, que envolve ansiedade, medo e excitação, entre outras.

Justamente pelo fato de o stop ser tão importante e por ele ter uma conexão tão forte com o controle emocional que esses dois tipos de uso mais específico dessa ferramenta não poderiam faltar neste capítulo, porque eles têm simplesmente tudo a ver com a gestão emocional.

Sendo assim, destaco as variações em ***stop loss*** e ***stop gain***

- ***Stop loss***: Enquanto muitos acreditam que metas só devem ser estabelecidas para lucros, reforço aqui que elas também devem ser estabelecidas para os prejuízos, obviamente, de forma que venham a amenizar os efeitos das perdas. No caso do stop loss, o trader deve estabelecer uma meta limite de perda diária que, quando batida, se deve voltar a operar só no dia seguinte. O uso dessa ferramenta é essencial para controlar a raiva e a ansiedade, conscientizando o investidor e o ajudando a entender que não é operando por vingança que ele vai se recuperar do prejuízo, mas sim deixando de operar para analisar a estratégia usada e pensar nos ajustes que podem ser feitos para retornar no dia seguinte.
- ***Stop gain:*** Essa ferramenta leva o trader a parar de operar quando sua meta de ganho da operação já foi atingida. Assim como o stop loss, o stop gain também ajuda a controlar a ansiedade, porque evita a evolução da ganância e da excitação, acalmando os ânimos do investidor e lembrando-o que o crescimento no mercado é uma construção diária e não uma conquista instantânea. Além da meta da operação, o investidor deve estabelecer uma meta diária e mensal de ganhos, pois o que não é medido, não é gerenciado.

4ª AÇÃO: Utilize o *stop loss*

O que posso afirmar com toda certeza é que não há controle emocional sem o uso do stop loss, porque saber a hora de parar é um dos sinais mais nítidos de que o trader está lidando com suas emoções de forma sensata.

Além disso, quando ele utiliza o stop loss, ganha mobilidade, se resguarda das perdas mais prejudiciais e garante que ainda haja dinheiro para continuar operando, buscando novas oportunidades diariamente.

Quem não utiliza o stop loss no mercado, fica limitado às condições daquele determinado momento no qual está preso na operação. E no mercado – tanto de criptomoedas, como o financeiro em geral –, se limitar a poucas probabilidades não é uma boa forma de se trabalhar. Essa limitação seguida de perdas torna o tempo de tela um momento de aflições e, com isso, gera cada vez mais ansiedade. Por incrível que pareça, o stop loss vai maximizar o tempo de tela do trader e vai acelerar o aproveitamento do aprendizado, além de trazer longevidade e maturidade emocional.

5ª AÇÃO: Analise o desempenho mensal e não apenas o diário

Apesar do termo "daytrade" sugerir que essa atividade esteja focada em resultados diários, quero reforçar aqui que a análise comparativa entre lucros e prejuízos não deve se restringir apenas a um ou dois dias, mas sim ao mês como um todo. O que acontece em um dia não é decisivo e não importa tanto quanto o comparativo de 30 dias. Então, se em um determinado dia, o trader teve um prejuízo de 2%, que está dentro de gestão de risco, obviamente é válido que busque saber o que causou essa perda, mas ele também precisa entender que isso pode ser recuperado no dia seguinte.

Além disso, esses dias de loss (perdas) também fazem parte do aprendizado do trader. É como aprender a andar de bicicleta. Praticamente ninguém aprende sem cair, ralar o pé ou a perna. Essas "dores" fazem parte do aprendizado e é justamente por saber disso que sempre recomendo um início mais modesto. Afinal, se já sabemos que os tropeços são quase certos, que comecemos com calma e sempre com muita atenção.

É por saber disso que sempre reforço que o trader não precisa ficar vidrado no quanto ele ganhou ou perdeu em um dia, mas sim que considere essa operação como parte de um mês inteiro e como os resultados desse dia irão se juntar aos 29 ou 30 dias em uma análise geral. Desenvolver um olhar mais amplo é próprio do trader que tem uma mente gestora, inclusive das próprias emoções.

Quando ele passa a pensar na rentabilidade que teve ao final do mês e compara esse resultado mensal mais recente aos seus primeiros resultados em sua jornada como trader, terá uma ideia mais realista do quanto tem crescido e amadurecido no mercado.

6ª AÇÃO: Entenda que lucro bom é lucro no bolso.

Se o stop é útil para evitar perdas maiores, também é útil para ajudar a lidar com a ganância no momento em que o trader está obtendo lucros. Por isso, sempre reforço a máxima de que "lucro bom é lucro no bolso". Por isso, quando o trader conseguir acima de 0,6% de lucro em uma operação de daytrade, já pode sair dela, porque mesmo que este lucro pareça pequeno, já está garantido naquele momento e, como destaquei na ação anterior, esse ganho será a soma com diversos outros momentos de lucro para montar um resultado mensal positivo.

É preciso sempre ter em mente que o objetivo final do trader é ganhar dinheiro com o mercado e, para que isso aconteça, ele precisa **comprar o ativo no momento certo**, mas também **vendê-lo no momento certo**.

É possível que no início de seu aprendizado o trader perca algumas oportunidades de valorização de uma cripto, como por exemplo vendê-la quanto ela atingiu 0,6% de valorização e depois vê-la atingir 15%. Pode ser aparentemente frustrante, porém, dois fatores precisam ser considerados nesse momento: o primeiro é que por mais que ele tenha saído com 0,6% e não 15% de lucro, ele ainda saiu no lucro; e o segundo é que com tempo de tela, prática de análise técnica e gestão de risco e emoções, essa capacidade de conseguir obter o lucro máximo de uma criptomoeda vai se desenvolvendo. Então, no futuro, ele conseguirá fazer uma "previsão" mais segura sobre o comportamento de cada ativo em suas operações, conseguindo, assim, mais lucro em cada criptomoeda.

Essa ação pode ser colocada em prática de forma mais clara com números. Então, se o trader iniciante consegue entre 0,5% e 5% de lucro, dependendo da operação, já pode considerar que o resultado dele foi positivo.

Fato é que por não entenderem isso, muitos traders iniciantes continuam tentando tirar o lucro máximo de uma cripto sem fazer uso da análise técnica e do gerenciamento de risco, e acabam se frustrando com os prejuízos e sofrendo com o descontrole emocional.

> Ou você gerencia suas emoções ou suas emoções gerenciam você.

7ª AÇÃO: Pratique exercícios físicos.

Não é preciso ser nenhum especialista em Medicina, Educação Física ou na área Psi para saber que os exercícios físicos são benéficos, não apenas para a saúde física, mas também para a saúde mental de qualquer pessoa.

Após um dia no qual uma pessoa fez muito esforço mental e exigiu muito de seu raciocínio, a melhor coisa a ser feita é uma atividade física. Não falo somente de ir para a academia, mas essa atividade pode ser uma corrida na beira da praia ou na praça, ou até mesmo alguns movimentos básicos em casa. O importante é fazer uso dessa medida para liberar todo o estresse, a tensão, a ansiedade e até mesmo baixar a excitação que foi acumulada durante o dia.

Assim como todas as ações citadas anteriormente, não apenas para o controle emocional durante as suas operações, mas para a sua vida em geral, praticar exercícios físicos vai fazer com o que o seu dia como um todo renda muito mais, porque você vai estar com muito mais disposição – física e mental – para todas as atividades, inclusive para as suas operações no daytrade.

8ª AÇÃO: Faça uso da meditação.

Muito mais que um "momento zen", a meditação é uma prática que sempre foi uma importante ferramenta para o controle emocional. Se alguns séculos atrás ela já comprovava sua eficácia, nos dias de hoje – em que somos bombardeados por informações que fazem o nosso cérebro trabalhar exaustivamente durante o dia todo – ela se faz ainda mais urgente.

Sei que no ritmo agitado que vivemos atualmente não é fácil encontrar um tempo para meditação, mas posso garantir que todo esforço vale a pena. Se levante mais cedo, em momento no qual sua casa ainda esteja silenciosa, invista 15 minutos em um período de silêncio. Se você for uma pessoa espiritualizada, faça suas orações. Caso não seja, reflita sobre você e os objetivos que deseja alcançar na vida. Se esforce para manter essa prática por duas semanas e você verá o efeito positivo que essa medida irá surtir no seu cotidiano, não apenas em suas operações no mercado, mas nas suas atividades como um todo.

SE CONECTE COMIGO

Há um caso bem interessante de um trader que recebeu a minha mentoria e atualmente está morando em Portugal. Ele tinha uma banca de R$500 mil e certa experiência no mercado, mas não conhecia uma das técnicas que eu havia criado e que possibilita ao investidor gerar múltiplas fontes de renda passiva de em média 1 à 5% ao mês em média com risco controlado, algo que pode soar um tanto quanto exagerado para um leigo no criptomercado, porém possível de ser feito se você tiver acesso a minha metodologia.

Com essa banca de R$500 mil e fazendo uso da técnica que desenvolvi, esse mentorado conseguiu uma renda passiva de cerca de R$25 mil ao mês, que ele estava deixando de ganhar. Então, veja só a quantidade de dinheiro que ele estaria deixando na mesa se não tivesse entrado para a minha mentoria.

A Mentoria Rentabilidade Extrema é um programa totalmente personalizado que ofereço para o investidor obter 10 vezes mais lucro em 10 vezes menos tempo comparado aos outros cursos online que disponibilizo.

Esse programa é elaborado de forma artesanal e totalmente adequada à realidade e às expectativas do investidor que está sendo mentoreado. Esse acompanhamento é individual, com encontros quinzenais online (vídeo chamadas), no qual eu vejo como ele está fazendo as operações e mostro quais ajustes ele precisa fazer para melhorar seus resultados. Vale lembrar que para essa mentoria, não importa se a pessoa é iniciante, se já tem experiência no mercado. Como o programa é personalizado, todas as orientações serão dadas de acordo com o nível de conhecimento do mentorado.

O mentorado também tem acesso a um grupo VIP, no qual pode trocar conhecimento com outros investidores que também recebem essa mentoria. A experiência dessa troca de informações é muito enriquecedora, porque acaba se tornando um ambiente de networking.

FALAAAA TUBARÕE$$$$...

Os resultados do controle emocional são claros e os sinais de que ele está sendo exercitado também são evidentes, como é possível ver no depoimento a seguir do meu aluno, Helder Couto.

Em poucas linhas já é possível ver o quanto ele destaca o seu lucro, o que já é um sinal de que ele já pode fechar suas operações com a satisfação de uma meta superada e se preparar para o retorno no dia seguinte, com cautela, paciência, conhecimento e segurança.

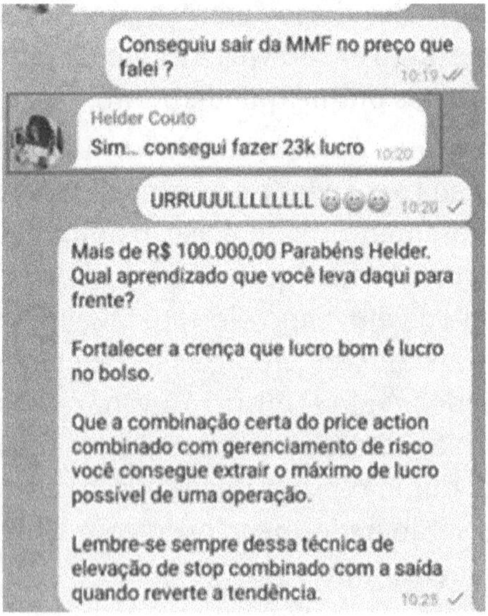

6

STOP, SABER PARAR E SABER PROSSEGUIR, DOIS LADOS DA MESMA MOEDA

Gerenciamento aplicado ao trade, quando esperar e quando avançar

"[O Bitcoin] é um desenvolvimento muito interessante, poderá conduzir a uma moeda mundial. Penso que na próxima década crescerá até se tornar uma das mais importantes formas de pagamento [...]"

— Kim Dotcom, diretor executivo da MegaUpload

Costumo dizer que o gerenciamento de risco está interligado com o controle emocional e faço essa afirmação com toda segurança, porque se as suas emoções estiverem fora de controle, você não saberá lidar com fatores relacionados a crises no mercado, como por exemplo a queda dos ativos em que você investiu - alguns deles podem despencar e nunca mais voltar ao valor de antes - ou uma queda no mercado financeiro de modo geral.

Nesse capítulo vamos nos aprofundar na verdade já dita que: "Se você não tiver controle emocional, não terá o mindset necessário para gerenciar o seu capital" e por fim não conseguirá se controlar com relação ao ***stop***, um fator extremamente importante no seu gerenciamento de risco.

Como o próprio nome já sugere em inglês, o stop é parte de uma estratégia muito importante que - junto a outros fatores - aponta o momento certo de parar de operar e ajuda a diferenciar as verdadeiras operações, com uso de análise técnica e gerenciamento de risco, do "cassino" que algumas pessoas acreditam que o mercado financeiro é.

Por isso, o verdadeiro investidor ou trader se diferencia claramente do apostador. Afinal, aquele que estuda realmente o mercado, também prepara suas emoções para se livrar das falsas expectativas de enriquecer em poucos dias e compreende que investir no criptomercado também é um processo.

Enquanto o verdadeiro investidor tem essa visão mais consciente sobre o mercado, o apostador alimenta um sentimento de esperança, buscando finalizar rapidamente as operações para ganhar muito dinheiro em poucas tentativas. Porém, geralmente toma prejuízos e, justamente pelo descontrole emocional, tenta fazer um trading de vingança, uma alavancagem - o que é ainda mais arriscado - e, muitas vezes, por falta de conhecimento, toma prejuízo novamente e acaba quebrando a banca (dinheiro investido).

Então, a verdade é que é impossível fazer gestão do risco sem controle emocional. Eu costumo dizer que esse princípio corresponde a 80% do trading como um todo. Sem controle emocional, sem capacidade de stop.

STOP = A PAUSA NECESSÁRIA PARA CONTINUAR

Um fator que vejo como muito importante quando falamos sobre o stop é exatamente o potencial didático que ele tem em toda a evolução do processo em adquirir conhecimento vivenciado pelo trader. Prova de que o stop é esse "professor", reside no fato de que os que o usam em suas operações têm um encurtamento da curva de aprendizado.

Com isso, considero que menosprezar o stop é como queimar uma importante etapa do aprendizado, porque ele está presente na gestão de risco dos iniciantes, dos intermediários e até mesmo dos mais experientes.

Lendo essa minha afirmação, você pode estar se perguntando: "Mas então, se o stop consiste em parar de operar, por que exatamente essa decisão é tão importante?". Bem, as razões são diversas, mas vou enumerar aqui três principais:

1. É uma medida de redução de danos, que não implica em garantir 0% de prejuízo, mas sim a menor porcentagem possível de perda, para que a banca não saia tão prejudicada.

2. Essa decisão de "recuar" possibilita ao investidor ou trader uma reavaliação do desempenho de suas estratégias e, também, a busca por outras que sejam possíveis naquele momento.

3. É uma decisão que deixa o trader "calejado" emocionalmente, pois ensina a lidar com certas frustrações.

O stop não é simplesmente uma saída das operações, mas sim uma pausa para garantir que o trader continue operando com segurança.

Sabendo disso, podemos afirmar que sem o stop, o trader pode perder o controle das operações, deixando de considerar a análise técnica e a gestão de risco e se colocando apenas na dependência da "sorte", rezando e torcendo para que o valor de suas criptos retorne – algo que talvez nunca mais aconteça.

Em resumo, ser "stopado" **não significa o fracasso, mas sim uma medida de redução de perdas para evitar que o pior aconteça, se tornando assim a principal** ferramenta para o trader continuar vivo no mercado.

PARÂMETROS APLICADOS AO STOP

Mas se parar é tão importante, definir os parâmetros que irão me apontar este momento também. Por isso, ter conhecimento sobre a gestão de risco e a análise técnica são essenciais para fazer o melhor uso possível do stop, te ajudando a evitar cometer esses graves erros a seguir:

1. Entrar na operação sem antes ter identificado uma tendência. Esse é um erro grave, pois como o trader poderá saber **o momento certo de parar** se nem mesmo tem conhecimento se aquele ativo está em tendência de alta ou de baixa?

2. Entrar na operação sem antes ter identificado o suporte e a resistência. O problema dessa ação desmedida é que não há como saber **o momento certo de parar** se não há conhecimento sobre o ponto de partida e também o limite máximo ao que uma criptomoeda consegue chegar.

3. Entrar na operação sem definir o *stop loss* (prejuízo máximo tolerado). Como uma boa gestão de risco não se define apenas pela ausência de prejuízos, mas sim pela habilidade do trader em minimizar essas perdas, ele precisa definir também qual é o valor máximo que pode perder em cada operação, sem que sua banca seja significativamente prejudicada. Quando o stop loss for atingido, recomendo que o trader mantenha o controle emocional e **pare com as operações** pelo resto do dia se a meta de perda do dia pré-estabelecida já foi batida, caso contrário, ele pode continuar operando.

4. Entrar na operação sem definir o take profit (*lucro a ser atingido*). Operar sem estabelecer uma meta de ganhos indica praticamente total ausência de estratégia e também que o trader está operando apenas por impulso ou porque alguém falou que aquela criptomoeda é boa, porque "o ativo está subindo", mas não tem a paciência e a perspicácia necessárias para o trading. Dessa forma, quando o take profit é atingido, este também já é um sinal para o trader **cessar suas operações** caso sua meta de ganho diária já tenha sido batida.

Sendo assim, o essencial da gestão aplicada ao trade é definir uma meta diária de ganhos e perdas.

STOP É 80/20 E DEFINIR METAS

Acredito que de tudo que eu ensino nos meus treinamentos e cursos, sempre há um único fator que, se respeitado e colocado em prática corretamente, vai refletir em 80% dos resultados. É a já conhecida de alguns "Proporção 80/20", também nomeada de Princípio de Pareto. Nesse fator é entendido que 80% dos efeitos são resultados de 20% das causas. E dentro do gerenciamento do risco também há a presença do fator 80/20, que é o uso correto do stop-loss.

Reconheço que, no entendimento, acaba demorando um pouco para fazer sentido. "Como é possível que uma ferramenta que me faz parar de operar vai me fazer ganhar mais dinheiro?", "Como eu vou conseguir ganhar mais dinheiro estando parado, sem agir?"

E é exatamente essa dificuldade inicial de diversos traders que os leva a menosprezar a importância do stop. Enquanto alguns preferem seguir de pronto o meu conselho de aplicar o stop às suas estratégias, outros acabam aprendendo após os primeiros prejuízos tomados em razão do descontrole emocional e do vislumbre de enriquecer instantaneamente.

Após esses primeiros prejuízos, o trader se vê diante da seguinte decisão: começar a fazer uso do stop para continuar a operar, seguir sem respeitar esse fator tão importante ou desistir do criptomercado antes que as dívidas se tornem uma bola de neve.

Por mais "contraditório" que pareça, o que faz o trader se manter ativo e seguro no criptomercado – ou em qualquer outra área do mercado financeiro – é justamente a percepção de parar no momento certo e essa percepção não vem simplesmente pelo feeling, mas sim pela definição de vários parâmetros. Como definir todos esses parâmetros? Como saber se a meta estabelecida – seja para o stop loss ou take profit, por exemplo – não são muito agressivas ou arriscadas demais para uma banca?

Bem, a definição desses indicadores vai depender do método que o trader estiver usando e do tempo que for operar ali. O método que normalmente recomendo é:

- Stop Loss: de 0,5% a 0,8% abaixo da entrada (valor dedicado à compra do ativo).

- Take Profit: Quando o ativo estiver a partir de 0,6% acima do preço de compra, o trader já pode cogitar sair dele.

Obviamente que não estou indicando aqui essas porcentagens com a intenção de engessar suas operações. À medida que o trader vai desenvolvendo prática, adquirindo tempo de tela, experiência, aprendendo a ler melhor os gráficos com a análise técnica, pode começar a "esticar" um pouco esses números, flexibilizar. Ao final das contas, sabemos que quanto mais informação e prática o trader adquire, mais liberdade ele tem para operar, extraindo o máximo de lucro das operações com menor risco.

Então, se a pessoa tiver mais de 2% de prejuízo acumulado no dia, considero que este já é o limite máximo de perda diária, exigindo que ela pare com suas operações e volte apenas no dia seguinte.

Considero que fazer uso do stop loss e também do take profit é um verdadeiro divisor de águas no desenvolvimento de um trader, porque indica que ele está alcançando maturidade, que está operando motivado pelo desejo de crescer e não pela ganância.

A inclusão dessas medidas na gestão de risco mostra que o trader já está consciente que o criptomercado não vai lhe render sempre lucros altíssimos, mas que em alguns dias ele também vai fechar suas operações com prejuízo. O que vai fazer a diferença é o aprimoramento de suas estratégias – análise técnica e gestão – levando a uma média de lucro mensal cada vez maior.

TEM SARDINHA AÍ?

Como eu também considero o ***take profit*** um divisor de águas junto ao stop loss, acho válido incluí-lo no glossário deste capítulo, porque entendo que ele precisa ser fixado neste conteúdo.

Explicando mais detalhadamente como ele funciona, o take profit é uma ferramenta que as corretoras disponibilizam para que os investidores ou traders tenham um "limite de lucro" em suas operações. Então, após ou antes de comprar uma moeda, é possível abrir uma ordem nesta ferramenta e, se o preço bater essa meta de preço, o trader já pode encerrar a operação com lucro.

Pode-se dizer que essa ferramenta facilita as operações, levando o trader a ganhar tempo, de modo que suas operações podem durar bem menos que o esperado e, assim, ele fica menos exposto ao mercado, fugindo dos perigos do descontrole emocional.

VÍCIOS SILENCIOSOS

A falta do uso do stop na gestão de risco pode contribuir também para o desenvolvimento de alguns problemas que chamo de vícios silenciosos. Vou pontuar, a seguir, cinco desses vícios para os quais chamo mais a atenção de meus alunos.

Alta alavancagem. Caso as operações continuem mesmo após ultrapassar esse limite de perda, há um grande risco do trader agir influenciado pela ansiedade de querer recuperar rapidamente tudo que perdeu até ali. Então, ele coloca esse dinheiro – que já está com mais de 2% de prejuízo do dia – para ser investido em uma estratégia de **alta alavancagem**, que é altamente arriscada, ainda mais quando influenciada pelo descontrole emocional.

Vale lembrar que essa estratégia de alta alavancagem funciona como um tipo de "empréstimo" que o trader pega com a corretora – o que é ainda mais arriscado – para operar em um valor mais alto e conseguir um rendimento maior. Mas por que eu considero mais arriscado? Porque se a operação der prejuízo novamente, na maioria dos casos as perdas serão destrutivas porque, por exemplo, uma perda de 5% com alavancagem de 10x, significa que 50% do capital do investidor já foi depreciado.

Ao final das contas, na expectativa de fazer dinheiro rápido ou recuperar o dinheiro que já perdeu no mesmo dia ou de alguns dias da semana anterior, a pessoa começa a utilizar alta alavancagem e corre um risco ainda maior de se afundar.

Mas o que leva um trader a acreditar que essa estratégia tão arriscada poderia dar certo? Bem, em diversos casos, ele pode estar se baseando em uma crença enganosa de que "é fácil ganhar no criptomercado", possivelmente devido a uma sorte de principiante que teve em suas primeiras operações.

Supondo que ele tenha obtido 20% de lucro em uma primeira operação de teste, mais 15% na segunda, acaba acreditando que está diante de uma mina de ouro. Mas então, na terceira operação, perde metade do que lucrou até ali e esse "susto" começa a gerar ansiedade, que misturada à adrenalina de não saber se irá perder ou ganhar na próxima, continua "jogando", por acreditar que está em uma jogatina. E o que começou como apenas um "teste" pode se tornar um verdadeiro vício.

Caça às Grandes Oportunidades. Vejo muitos traders se prejudicando porque investem em uma criptomoeda que acreditam ser a "grande promessa do mercado" ou então que foi "muito bem recomendada" por um amigo, mas fazem isso sem estudar o projeto e até mesmo investem uma quantia exagerada, que deixa de ser segura, considerando o fato de que essa cripto ainda possui baixa capitalização de mercado e consequentemente pouca liquidez.

A baixa capitalização de uma cripto aliada a um excelente projeto pode ser uma boa oportunidade de lucro, mas é preciso tomar cuidado e não colocar todo o crédito sobre ela. Além disso, a lógica da carteira variada se baseia exatamente no conceito de que não é esse único ativo que fará o seu capital crescer e sim a variedade de possibilidades contidas na carteira.

Crença na Retomada do Preço. Após uma desvalorização, o preço de uma criptomoeda pode voltar ao seu preço de compra, mas não há garantias que essa retomada de preço aconteça. Com isso, se agarrar à crença da retomada do preço como sua "tábua de salvação" também pode se tornar um vício silencioso e prejudicar os resultados do trader, porque é como se ele estivesse em um navio naufragando e em vez de saltar dele em um bote salva-vidas, prefere acreditar que essa rachadura no casco se fechará espontaneamente. "Eu não vou usar o stop e vou continuar operando com essa cripto, porque eu acredito que o mercado vai reagir e o valor dela vai voltar àquele inicial que investi na compra dela", pensa ele, se iludindo mais que analisando de verdade.

Se prender à "panelinha da cripto perfeita". A crença na retomada ocorre bastante dentro de outro vício silencioso que é o fanatismo por uma determinada cripto. Vejo muitos traders que entram em grupinhos de Redes Sociais e entram na patotinha, o fã-clube de criptomoedas específicas, de modo que se agarram a elas como um torcedor fanático se apaixona por seu clube de futebol. Então, muitas vezes, o trader investe 10 reais e já veste a camisa da moeda, de modo que se alguém criticar o projeto dessa cripto, ele já vai reagir como quem defende a própria honra. Tudo isso porque ele acreditou na falácia de que um dia essa criptomoeda o deixará milionário.

Falar dessa questão me lembra uma história muito interessante que vivenciei com três amigos, em 2017. Nós compramos na mesma época uma criptomoeda chamada Railblocks (atualmente o nome dessa criptomoeda é Nano), valendo cerca de 1 dólar. Em poucos dias ela se valorizou bastante e chegou a 40 dólares, nos dando uma boa lucratividade. Mas pouco tempo depois começou a cair para 30 e depois para 20 dólares. Vendo que ela estava despencando no mercado, eu saí dela, vendendo ainda enquanto estava no lucro. Mas os meus amigos decidiram continuar nela. "Cara, essa moeda é o futuro do mercado. Não vou sair dela", eles diziam. O resultado é que a moeda despencou, passando a valer menos que 1 dólar, deixando os meus amigos no prejuízo.

Vale lembrar que essas panelinhas não ocorrem somente com moedas novas, mas também com Bitcoin e da Ethereum. Até mesmo as pessoas que investiram nessas moedas mais fortes também precisam reconhecer que esses ativos têm seus momentos de baixa no mercado. Então, muitas vezes o trader tem ali no campo de visão só aquelas mesmas criptomoedas de sempre e com isso acaba perdendo ótimas oportunidades, devido a esse vício de manter um ativo como se fosse seu animal de estimação ou clube de futebol.

> **Uma criptomoeda serve para gerar lucro ao investidor e não para ser impressa e exposta na parede, como um brasão. No momento em que ela começar a desvalorizar, sem estimativa de retomada do valor, deve ser deixada.**

O investidor entra em uma criptomoeda para transformar 100 em 200 e não para ser garoto propaganda desse ativo. Então, a moeda fez 30% de lucro? Pode vender já tranquilamente e aproveitar para reinvestir esse lucro ou sacar para o seu banco.

Olhar constantemente a cotação do mercado. Concordo que um trader ou investidor precisa estar bem-informado sobre as cotações do mercado de criptomoedas, porém isso não inclui uma checagem das cotações de 5 em 5 minutos durante todo o dia.

Essa checagem deve acontecer em momentos específicos do dia, como por exemplo, pouco antes das operações começarem. A verdade é que como essas cotações oscilam constantemente, não vai valer a pena o trader checá-las em um horário no qual ele não possa operar. Além disso, esse exagero pode também gerar ansiedade e levar ao descontrole emocional.

NÃO OPERE COM VINGANÇA

Costumo chamar as tentativas desesperadas e descontroladas de **operação com vingança**. Pode parecer forte este termo, mas é exatamente o sentimento que está movendo o trader nesse momento e não é preciso ser nenhum especialista em questões psíquicas para saber que a vingança é um sinal fortíssimo de descontrole emocional.

A eficiência do stop loss é bem evidente, porque quando você para ao atingir esse limite máximo de 2% de prejuízo para voltar no dia seguinte, já houve tempo para lidar com a tensão da perda e se envolver em alguma outra atividade que baixe a ansiedade, de ter uma boa noite de sono e voltar a operar com o emocional controlado. Esse processo contribui fortemente para o alcance de melhores resultados nas operações.

Falando um pouco mais em números para exemplificar, suponhamos que o trader se deixou levar pela ansiedade, operou com vingança e acabou perdendo 50% de todo o seu capital investido, o que já indica um estágio avançado das consequências do descontrole emocional. Para conseguir recuperar seu prejuízo, terá de obter 100% de lucro nas operações e esse resultado é muito difícil de se conseguir da noite para o dia no criptomercado.

Se continuar tentando essa recuperação rápida, provavelmente seguirá com prejuízos e isso pode se tornar um ciclo vicioso, totalmente fora de controle, de modo que ele começará pedindo empréstimos em bancos, financeiras, depois pedirá a amigos e parentes, venderá seus bens e até mesmo pode recorrer a agiotas, como já vi em alguns casos.

Por isso, a melhor forma de se prevenir contra esse tipo de situação é começar a fazer o gerenciamento detalhado já no início dos investimentos, quando a carteira ainda está pequena, seguindo as seguintes medidas:

1. Limite o risco cripto. Todo investimento – independente do ativo – tem algum risco envolvido, por menor que seja. Por isso, recomendo principalmente aos iniciantes que não usem todo o seu capital para investir no criptomercado. Então, supondo que um investidor tenha 100 mil reais de capital líquido (dinheiro), sugiro que ele invista no máximo 25 mil (25% desse montante), para evitar possíveis ocasiões de cisnes negros que possam surgir.

2. Insisto: Diversifique a sua carteira de investimentos. Da mesma forma que não é seguro dedicar todo o seu capital nas criptos, também não recomendo investir em apenas um ou dois ativos, mesmo que sua carteira ainda seja pequena. Variando mais a sua carteira, você terá mais chances de se beneficiar com as movimentações do mercado. Ao mesmo tempo que a estabilidade do Bitcoin pode ser boa para o seu crescimento, o potencial de valorização de uma criptomoeda que você comprou a um preço baixo anteriormente pode também te beneficiar e até mesmo se tornar uma das moedas mais estáveis da sua carteira.

3. Mapeie os riscos do criptomercado. Por mais que você comece a operar com uma criptomoeda muito bem recomendada por um amigo ou já esteja conseguindo alguns lucros inicialmente, ainda é preciso estar ciente de todos os riscos do criptomercado. Dessa forma, você poderá se preparar para desviar deles ou então lidar com eles, quando forem inevitáveis na operação. O que pode acontecer com o Bitcoin, a Ethereum ou outras criptos? Será que a Binance pode ser hackeada, de forma que eu perca todo o dinheiro colocado na plataforma? Essas e outras perguntas devem ser feitas pelo trader já no início de sua atuação no criptomercado. Questione-se!

ESPERAR OU AVANÇAR?

Obviamente que a pausa e a paciência são importantes para quem opera no criptomercado, mas a tomada de ação, o avançar, também é necessário, pois sem esse fator, o crescimento também não ocorre. A questão é: quando é hora de esperar e quando é hora de avançar?Bem, todos os dias o trader que já está operando tem momentos de avanço e também de espera. Fato é que, dependendo do estágio em que ele esteja na curva de aprendizado, provavelmente precisará esperar mais e ser mais comedido no avançar ou poderá esperar menos e avançar um pouco mais.

A fase de esperar mais e avançar menos é aquela em que o investidor ainda está conhecendo o mercado. Esse período envolve muito mais estudo e análise técnica do que grandes resultados, de modo que as ações resultam em lucros – e por vezes também prejuízos – ainda relativamente pequenos.

Nessa fase, é importante buscar bastante informação, procurar um professor que já apresenta bons resultados (reais) e aprender com ele o melhor caminho a ser trilhado. À medida que esse aprendizado vai acontecendo, cabe a esse novo aprendiz focar nos estudos e, com a orientação do professor, começar a colocar o método em prática para começa a avançar, mas ainda com um capital baixo.

Quando ele começar a obter seus primeiros ganhos, não deve pensar em sacar esses lucros, mas sim em acumulá-los na carteira para reinvestir e dessa forma, fortalecer seus investimentos, de modo que precise cada vez menos fazer aportes financeiros externos - de sua própria renda pessoal - e ao mesmo tempo dependa apenas dos rendimentos internos - vindos dos ativos - para fazer sua carteira crescer com a ajuda dos juros compostos. Sendo assim, a valorização de uma criptomoeda ou qualquer outro ativo não será sobre o valor inicial dela e sim sobre o valor atual, consideradas já valorizações anteriores.

A estratégia de crescer reinvestindo o montante acumulado por esses juros compostos é o melhor caminho para se ver livre de prejuízos em suas finanças pessoais, pois o dinheiro que ele está "arriscando" nos investimentos está fora de seu orçamento pessoal e sim dentro de sua carteira de investimentos, como uma renda extra, que ainda está se formando, até conseguir o que chamamos de **consistência**, que é justamente o ponto em que não é mais necessário fazer nenhum aporte financeiro externo - de seu orçamento pessoal - e usar apenas os rendimentos dos ativos para reinvestir.

Obviamente que todo esse processo não acontece em poucos dias e sim em meses e é uma ótima forma de trabalhar o controle emocional. Chegar à meta de obter **consistência** nos investimentos é um ótimo sinal de que o fator emocional já está sob controle e este é um momento que se mostra bem mais seguro para fazer avanços maiores.

Para ilustrar em números o que estou expondo aqui, suponhamos que o trader começou com um capital de R$ 5 mil reais e em dois meses fez esse montante crescer para R$20 mil, de modo que decidiu passar a operar apenas com seus rendimentos internos e não depender mais de aportes externos.

Como ele percebe que já está conseguindo controlar o seu fator emocional, já sabe fazer uma análise técnica, tem um bom tempo de tela e tem uma boa gestão de risco, já sente segurança para dar passos mais largos rumo à sua independência financeira de fato.

RESPEITE OS SEUS LIMITES E OS DOS ATIVOS

Muitos investidores – iniciantes e até mesmo alguns intermediários – me perguntam sobre como é possível reconhecer os limites de um investimento. Bem, a minha resposta é que esses limites variam de acordo com o nível de risco que o investidor está disposto a correr. E não importa se for uma stablecoin ou uma altcoin. Qualquer ativo envolve riscos e o dinheiro neles investido precisa pertencer a uma quantia fora das necessidades pessoais do investidor.

Mas falando em números que geralmente eu sugiro para os meus alunos, suponhamos que o investidor tenha um capital de 100 mil para ser investido. Desses 100 mil, recomendo que não mais que 25% sejam investidos no criptomercado. Os outros 75% devem estar alocados em outras classes de ativos, como fundos imobiliários, ações, tesouro direto, ouro, etc.

Adentrando ao capital investido no criptomercado, sua carteira deve continuar variada, com pelo menos investidos 30% em Bitcoin e o restando em outras criptos mais voláteis. Essa diversificação – sobretudo na carteira do criptomercado – vai aumentar bastante a possibilidade de crescimento, porque não está dependendo apenas de um ativo. Então, caso uma cripto desvalorize, ele ainda pode contar com a valorização das outras.

Por isso, é importante que ele saiba que o limite dele vai aumentando conforme vai obtendo retorno, sendo o principal motor os reinvestimentos dos lucros e não os novos aportes. Para um investidor ou trader iniciante, recomendo que a maior parte do crescimento de sua banca seja por mérito, com os juros compostos dos lucros. Crescendo seu capital no criptomercado, respeitando uma proporção de 80% de reinvestimento e 20% de novos aportes. O limite do investidor que tem um capital de R$10 mil vai ser diferente do limite do investidor que tem um capital de R$1 milhão, porque enquanto o primeiro poderá investir até R$2,5 mil (conforme essa minha sugestão), o segundo poderá investir até R$ 250 mil.

Para lidar com esses limites, é essencial que o investidor exercite sua paciência e não desista de continuar estudando e praticando. Sem dúvida, o resultado de tanto esforço será um avanço natural no criptomercado.

Por isso, é preciso que o trader esteja sempre atento, não apenas aos **limites do criptomercado**, mas também aos seus **próprios limites**, tanto financeiros como emocionais. A vida tem que ser bem equilibrada e ela não é composta apenas de investimentos no mercado financeiro, mas também de investimentos em nós mesmos.

A partir do momento em que suas operações no mercado financeiro começarem a sugar sua energia, de modo que você não tenha mais vontade de levar a vida como você levava antes, praticando exercícios ou tendo um tempo de qualidade com sua família ou até mesmo com ânimo para trabalhar, este já é um sinal claro de que você está ultrapassando os limites.

Por isso, apesar do tempo de tela ser um fator importante para o aprendizado, essa experiência não será adquirida em apenas um ou dois dias. Esse excesso de tempo nas operações é conhecido como "overtrading" e é um erro grave, porque também é um forte indício de descontrole emocional.

Por essa e outras razões que, tanto para perdas como para ganhos, é preciso estabelecer metas e respeitá-las. Então, o trader tem que ter metas diárias estabelecidas e, o mais importante, ter também metas mensais, pois elas é que vão levá-lo a comparar o desempenho de cada dia e avaliar o saldo do mês. Suponhamos que em 30 dias houve 10 de prejuízos e 20 de lucros. Se durante esses dias, o stop loss e o take profit foram respeitados, apesar das perdas diárias, o saldo positivo será certo.

Dessa forma, pode-se dizer que se o trader passou a maior parte do dia operando e não bateu a meta, já é bom parar por aquele dia – tendo obtido resultados ou não – porque ele precisa descansar sua mente e manter o controle emocional para o dia seguinte.

Saber parar é tão importante quanto prosseguir.

SE CONECTE COMIGO

O assunto stop e suas variações é tão importante que reforço este ponto em todos os meus cursos online.

No curso **Método 1.000x**, ensino do **Zero ao Intermediário**, com um preço mais acessível, justamente para possibilitar o acesso àqueles que ainda estão em fase experimental do criptomercado. Com este material, minha proposta é – ao final do curso – levar o trader a faturar entre meio à um salário-mínimo todos os dias.

Caso a pessoa queira obter resultados ainda maiores, pode progredir para o **Trader Crypto Expert**, que é um outro treinamento que disponibilizo, no qual ensino do **Zero ao Avançado**, com a proposta de levar o trader a faturar de 10 a 30 salários-mínimos de rentabilidade média mensal.

E qual é o diferencial do segundo para o primeiro? No **Trader Crypto Expert** os alunos têm lives mensalmente comigo, acesso ao grupo de mensagens para tirar dúvidas, acesso ao canal de análise onde mandamos notícias, análises, as melhores criptos para operar, estratégias mais avançadas, muito mais aulas na prática, vivenciando o mercado. Então, essa segunda opção é para aquele aluno que já quer avançar de forma rápida.

Além dessas duas opções de curso, ofereço também a **mentoria**, que é um acompanhamento quinzenal e individual, feito online. Já antes dos encontros pré-agendados, eu analiso como é a carteira de investimentos dele – caso ele já tenha experiência – ou busco saber quais são as expectativas dele quanto ao mercado – caso ele ainda esteja iniciando – e crio um planejamento personalizado, de forma que ele consiga alcançar seu objetivo com uma boa performance.

Por isso, não importa se é Paulo, Gustavo, Henrique, Adriana, Renata, Carol, cada pessoa está no seu momento, tem seu capital, tem seu estilo, tem menos ou mais tempo. De 15 em 15 dias eu me encontro com cada um por vídeo chamada, vejo ela operar a conta, ela me vê operar, eu vejo qual a carteira dela e o que pode ser melhorado nessa carteira de investimentos.

Com esse acompanhamento personalizado, essa pessoa acaba tendo muito mais suporte, porque pode mandar mensagem para mim, que eu respondo, até fora do horário comercial, e tem acesso a todos os cursos também. Então, a pessoa consegue ter 10x mais resultados em 10x menos tempo, por que vai estar comigo a cada 15 dias ao vivo.

Há o meu terceiro curso que é o **Milionário com Defi**, que levará o investidor a formar múltiplas fontes de renda por meio das finanças descentralizadas, gerando rentabilidade com lucros de 1% a 5% em média todos os meses de forma passiva. Então, neste curso ele não vai precisar perder muito tempo e vai ganhar de forma passiva, como se fosse um investimento normal, além de aprender a investir no Metaverso e em NFT's.

FALAAAA TUBARÕE$$$$...

Já que expus tanto sobre a importância de possuir uma carteira sólida com bons projetos, quero compartilhar com vocês um depoimento breve, mas que ilustra perfeitamente o quão simples e direto pode ser o uso dessa técnica tão importante. A minha aluna Bruna Fernandes me agradece e se parabeniza, entendendo que o momento foi propício, expondo a sua decolagem cuidadosa que exibe uma análise mensal de sua prática.

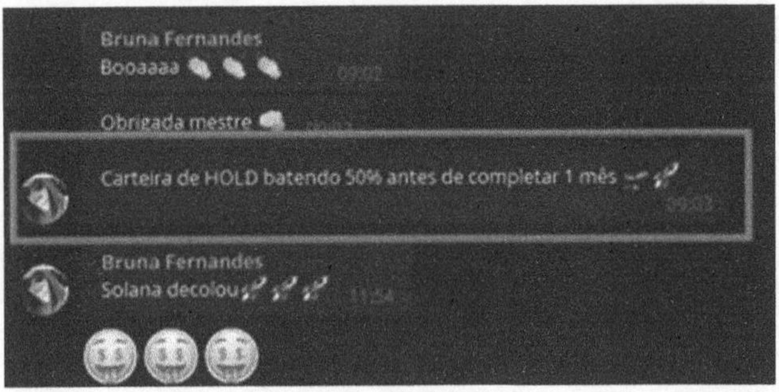

7

INTRODUÇÃO ÀS FINANÇAS DESCENTRALZADAS

Um novo formato de gerar renda passiva muito acima da inflação

> *"Economistas e jornalistas quase sempre se deparam com a seguinte questão: por que o Bitcoin tem valor? E a resposta é muito fácil – porque ele é útil e escasso"*
> **— Eric Voorhees, empreendedor, fundador da ShapeShift**

Em diversos momentos da História podemos observar que as finanças de uma sociedade dependente de um sistema centralizador – seja por questões econômicas ou políticas – revelaram o quão limitadas são e, por consequência, o quanto os investidores que as detêm podem ser prejudicados em situações consideradas “extremas” ou “imprevistas”.

Como já citei no início deste livro, momentos que vão ficar marcados na História, como a crise na Venezuela e a tomada do governo do Afeganistão pelo Talibã, são exemplos muito claros do quanto as finanças descentralizadas poderiam ser uma ótima solução, para que esses golpes contra governos não afetassem também as finanças dos cidadãos nesses países.

Fato é que, como a maior parte dos investimentos das pessoas nesses países estava em sistemas financeiros ligados aos seus respectivos governos, todas as contas bancárias acabaram sendo confiscadas como consequência desses golpes políticos.

Mas por que eu estou citando estes cenários tão preocupantes e que parecem ainda ser distantes da nossa realidade? Bem, porque crises políticas, conflitos e guerras podem afetar tudo o que está ligado aos governos e não apenas aos sistemas políticos que estão no foco desses problemas, mas a tantos outros, considerando que estamos em um mundo cada vez mais globalizado.

Sabendo disso, não seria ótimo que pudéssemos contar com um sistema financeiro descentralizado, independente de governos e menos vulnerável a esses conflitos e crises? Pensando como investidor, gosto sempre de ter muitas opções e o conceito das **finanças descentralizadas** é justamente uma forma de abrir novas alternativas para ter alta rentabilidade e garantir boas soluções diante dos mais variados tipos de crise que podem acometer os sistemas financeiros centralizados.

FINANÇAS DESCENTRALIZADAS

Mas oferecendo uma definição mais descritiva, o que são finanças descentralizadas? Basicamente, são serviços financeiros descentralizados que operam por meio das blokchains das criptomoedas, como é caso do Bitcoin, da Ethereum e tantas outras que já citei neste livro.

Sua base operacional ocorre com os algoritmos de uma criptomoeda e isso possibilita que essas operações sejam totalmente independentes de intermediadores financeiros, como bancos, por exemplo.

Em outras palavras, da mesma forma que as criptomoedas surgiram como uma alternativa ao dinheiro convencional, as finanças descentralizadas são vistas pelos investidores como uma alternativa ao mercado financeiro que conhecemos atualmente, pois a eliminação de intermediários é justamente o ponto-chave que deixa muitos especialistas e traders bem otimistas, já que vários processos e transações se tornam muito mais ágeis.

Na minha opinião, atualmente, a proposta das finanças descentralizadas surge como simplesmente uma das maiores revoluções que existem no mercado financeiro e eu compartilho da opinião de tantos outros investidores quanto à eliminação dos intermediários financeiros centrais nas operações.

As plataformas digitais permitem que as pessoas ofereçam/recebam fundos de empréstimo umas das outras, especulem sobre os bons momentos de preços em uma gama de ativos, que os negociem – podem ser ações, criptomoedas, ouro, dólar, ou tantos outros – e façam essas negociações conscientes dos níveis de risco de cada opção, para que a decisão por investir ou não em cada ativo fique totalmente por conta do investidor.

Vamos supor que hoje você seja correntista de um banco e precise fazer uma operação financeira, como uma transferência ou um saque. Para fazê-la você depende de um intermediário financeiro central, que é o próprio banco.

Porém, em uma plataforma de finanças descentralizadas, você consegue realizar esse procedimento sem depender de nenhum intermediador financeiro central. Essas operações são realizadas por meio de protocolos descentralizados e decodificados, que não exigem o cadastro de nenhum dado pessoal, como CPF, número de telefone ou e-mail, basta apenas ter uma carteira digital, que é protegida por uma chave de segurança. Essa carteira se conecta ao protocolo e opera o procedimento de forma descentralizada, sem que nenhum outro intermediador precise saber da operação.

Esses contratos inteligentes são basicamente códigos que definem regras para o funcionamento de um serviço financeiro como, por exemplo, as operações de uma corretora descentralizada. É muito importante que esses contratos sejam muito bem escritos, com um código forte e que não tenha nenhum problema. E o que se tem visto até o momento é que eles têm se tornado, de fato – em sua maioria –, bem mais práticos, sem perder a segurança necessária.

FINANÇAS DESCENTRALIZADAS X CENTRALIZADAS

Para que haja um entendimento melhor sobre o quão vantajosas são as finanças descentralizadas (DeFi's), vou expor a seguir algumas comparações bem práticas entre elas e as finanças centralizadas (CeFi's). Vale lembrar que a minha intenção com esses comparativos não é convencer o leitor a abandonar a sua conta bancária e passar a usar apenas a carteira digital, mas sim mostrar justamente que a finanças descentralizadas são uma opção que precisa ser considerada para variar nossas formas de investimento.

1. Privacidade

CeFi: Para que você faça operações, as instituições financeiras exigem que você tenha uma conta. A partir daí, já é necessário informar uma infinidade de dados pessoais, como nome, sobrenome, CPF, RG, endereço, número de telefone, estado civil, renda mensal, entre outros, para ainda ter de passar pela aprovação do intermediador (banco). Além disso, a cada operação, você também precisa informar um desses dados ou o número da sua conta bancária, de forma que a instituição sempre estará ciente das movimentações da sua conta bancária.

DeFi: para operar com as finanças descentralizadas, você não precisa informar nenhum dado pessoal seu. Basta criar uma carteira digital em uma boa plataforma (protocolo), baixando uma extensão para o navegador que você usa – no computador ou celular – instalar, criar uma senha e a própria corretora vai te oferecer algumas palavras-chave. Depois você acessa o protocolo e pronto, já pode começar a fazer transações de forma segura e sem precisar ceder qualquer dado pessoal para qualquer banco.

2. Responsabilidade de Custódia sobre os fundos.

Cefi: Nas finanças centralizadas, toda a segurança dos seus investimentos é de responsabilidade da instituição financeira. Então, se um hacker acessa o sistema do banco e consegue desviar milhões de reais de contas dele, a instituição terá de arcar com esses danos para restituir seus correntistas. Ou então, no caso de o correntista perder ou se esquecer de sua senha, pode fazer contato com a instituição para recuperá-la.

DeFi: Nas finanças descentralizadas, o usuário tem total a responsabilidade pela segurança de seus investimentos. Se acontecer alguma coisa com o dinheiro dele em uma plataforma descentralizadas, ele não será restituído, porque da mesma forma que os contratos inteligentes permitem total autonomia para o investidor fazer suas operações, também coloca sobre ele toda a responsabilidade pelo cuidado com seu dinheiro colocado dentro de sua carteira digital. Se o dono da carteira digital perder ou se esquecer da senha, não há mais como recuperá-la e acaba perdendo tudo que foi investido até ali naquela carteira. Então, se um investidor colocar o seu dinheiro em bitcoin dentro de uma carteira, passa a ser totalmente responsável pela segurança desse ativo.

Há quem veja essa questão da segurança como uma "desvantagem" das DeFi's. Eu não considero assim, porque sempre cuido muito bem das minhas senhas e palavras-chave. Ninguém mais tem acesso a elas.

Mas creio que você ainda deve estar se perguntado "e quanto à segurança das próprias plataformas em si?". Reconheço que este é um fator muito importante a ser analisado e justamente por entender isso que procuro ser diligente com essas questões. Hoje eu utilizo o site **Certick.com**, que faz uma auditoria dos protocolos existentes, apontando quais são seguros e quais não são para serem usados pelos investidores.

Protocolos com códigos falhos são reprovados por esse site de análises e considerados como plataformas de alto risco para se manter um investimento. Obviamente, dificilmente existirá um protocolo 100% seguro – assim como também não existe uma instituição financeira 100% segura –, porém, acompanhar as análises de sites como o Certick.com é uma boa forma de saber em qual protocolo pode-se abrir uma carteira digital com mais segurança.

TEM SARDINHA AÍ?

Uma plataforma que está conseguindo atrair mais investidores, consequentemente se torna mais confiável, justamente porque é mais robusta e tem mais condições de pagar os rendimentos de cada usuário. Essa segurança e robustez pode ser medida justamente pelo ***True Value***

Locked (TVL), que corresponde ao total de dinheiro colocado nesse protocolo.

Acredita-se que quanto maior o TVL de uma plataforma[11], mais bem desenhado é o código dela, mais minuciosa é a auditoria, entre outros fatores que dão mais credibilidade a mesma. E lembrando que esse indicador deve ser utilizado em conjunto com uma análise fundamentalista completa, o pulo do gato aqui é: nunca utilize apenas um indicador ou métrica como verdade absoluta.

Então, se o TVL de uma plataforma está em bilhões de dólares, apesar de pagar rendimentos relativamente mais baixos, ainda tende a ser mais confiável que outras de TVL menor. Enquanto as que têm esse indicador mais baixo podem oferecer rendimentos maiores justamente para atrair novos investidores.

3. Potencial de crescimento.

DeFi: O que faz um setor do mercado ou fundo de investimento crescer? Entre outros fatores, considera-se em maioria a quantidade de dinheiro investido nele. E quando se fala em crescimento, as finanças descentralizadas não apresentam somente que tiveram um crescimento significativo nos últimos anos, mas também evidenciam um potencial notável para continuar crescendo cada vez mais. Não creio que seja válido que eu destaque aqui números mais exatos, mas para se ter uma noção do montante que estamos abordando neste subponto, atualmente, o mercado DeFi já conta com um ***True Value Locked*** (TVL), que já está na casa das centenas de bilhões de dólares. E esse potencial de crescimento pode ser destacado como sendo notável, porque em um ano, o TVL das finanças descentralizadas passou da casa das dezenas de bilhões para a casa das centenas.

11 No site Defillama.com é possível avaliar o TVL de qualquer plataforma.

A velocidade com que aconteceu o avanço das finanças descentralizadas é incontestável e ainda pode continuar acontecendo, porque há muito dinheiro fora dele com grandes chances de entrada.

O que reforço neste caso é que "quem chega antes, bebe água limpa", de modo que quanto mais cedo você entrar e compreender o conceito de descentralização, mais vai se beneficiar com os rendimentos das DeFi's e também com a valorização cada vez maior desse mercado. É como você construir uma casa em uma região da cidade ainda no início de sua valorização. Você escolhe o melhor local e paga bem mais barato por tudo, se beneficiando da alta dos preços no momento certo.

CeFi: Já no caso das finanças centralizadas, pode-se dizer que o mercado já não tem mais tanto potencial de crescimento, porque – entre outras razões – já cresceu bastante. Atualmente, o mercado CeFi conta com um TVL que está na casa das dezenas de trilhões de dólares. E o que temos visto cada vez mais é o dinheiro migrando da CeFi para a DeFi, o que também explica a diferença entre os potenciais de crescimento entre os dois perfis de investimento.

Reforço aqui que não vejo um futuro próximo no qual todas as finanças serão completamente descentralizadas, mas sim que veremos nos próximos anos um equilíbrio maior entre DeFi e CeFi, de forma que os investidores terão suas finanças tanto em bancos digitais, quanto em plataformas que fazem uso dos contratos inteligentes.

3 .Rentabilidade

DeFi: Acredito que o fator rentabilidade seja visto sempre pelos investidores como a "cereja do bolo" quando se fala em finanças descentralizadas, porque as DeFi's proporcionam um potencial de retorno consideravelmente mais alto em relação ao mercado financeiro tradicional.

No mercado DeFi, os investidores que seguem o meu método conseguem criar sua carteira digital em um plataforma descentralizada e, supondo que consigam formar um montante de R$ 200 mil investidos, já conseguem ter um rendimento (médio e não fixo) de cerca de R$ 10 mil por mês, podendo ir de 1 a 5% ao mês. Para muitas pessoas, esse feito já significa sua independência financeira. Além disso, vale lembrar que essa rentabilidade ocorre de forma passiva.

> **Gerar renda passiva e alcançar independência financeira não quer dizer que você vá parar de trabalhar, mas sim que você não irá mais trabalhar somente para pagar suas contas e sim para realizar seus sonhos e aumentar seus investimentos.**

CeFi: Enquanto o mercado DeFi – aliado ao meu método – proporciona um rendimento de 1 a 5% ao mês, no mercado financeiro tradicional, o investidor consegue ganhar por mês cerca de 0,33 a 1% ao mês. Bem, não considero que essa última porcentagem seja exatamente algo "vergonhoso" como ganho mensal. Como já afirmei anteriormente, eu mesmo tenho os meus investimentos no mercado tradicional, porém sempre tenho também em mente que as finanças centralizadas já não são mais a única opção que temos para investir nosso dinheiro.

DeFi: UM UNIVERSO DE POSSIBILIDADES

Após vermos as diferenças mais notáveis e práticas entre as finanças centralizadas e as descentralizadas, quero apontar aqui as diversas possibilidades que a DeFi proporciona ao investidor, de forma que ele pode não apenas escolher a plataforma (corretora) pela qual vai operar, como também os ativos nos quais vai investir e também a forma como vai investir.

Sendo assim, além da renda passiva que apontei, posso citar como uma das possibilidades das finanças descentralizadas o acesso ao **mercado de derivativos**, o qual ainda continua sendo um grande mistério para os investidores iniciantes. Mas, então, o que é um derivativo? São aplicações financeiras que "derivam" sobre outros ativos. Então, suponhamos que você invista no mercado de câmbio, comprando um derivativo do Euro, com um "contrato futuro". Isso significa que você não está comprando a moeda em si, mas sim o direito à oscilação que ela terá no prazo estipulado pelo contrato. Dessa forma, você pode ganhar com a valorização da moeda ou perder com a desvalorização dela.

Outra possibilidade oferecida pelas plataformas descentralizadas é o acesso ao **mercado de NFT's**, que podem ser incluídas em sua carteira digital. Esse elemento que tem chamado cada vez mais a atenção dos investidores mais jovens, se define por ser um token não fungível – como sua própria sigla já sugere: ***N***on-***F***ungible ***T***oken – de forma que é um item de valor único e, diferente das criptomoedas ou moedas tradicionais, não pode simplesmente ser trocado por outra NFT.

Curiosamente, as NFT's estão sendo bastante representadas por novas obras de arte digitalizadas e que podem passar a valer milhões de dólares, cada. Essa representação só facilita o nosso entendimento sobre esses itens e seu valor único. Trocar uma NFT por outra seria como tentar trocar um quadro de Picasso por um de Portinari. Parece uma troca "injusta", afinal, cada obra tem seu valor por sua autenticidade e não simplesmente por uma cotação de mercado, como ocorre com o Bitcoin ou qualquer outra criptomoeda. Dessa forma, imagine que você investe hoje em uma NFT de valor relativamente baixo no mercado, mas com alto potencial de valorização e em cerca de 1 ano ela se valoriza em centenas de milhares de dólares. Sem dúvida, é uma ótima forma de lucrar de forma passiva. Se antigamente diversos investidores compravam obras de arte pensando no alto potencial de valorização desses itens, atualmente, a nova geração investe em NFT's e tem se beneficiado muito com isso.

Obviamente que as plataformas descentralizadas têm inúmeras outras possibilidades e subnichos a serem explorados, mas creio que estas duas estão entre as mais comuns e utilizadas no mercado DeFi. Saber sobre elas já é um bom começo.

O CAMINHO PARA A INDEPENDÊNCIA FINANCEIRA

Os investidores estão usufruindo cada vez mais do mercado DeFi e eu considero que esta opção é hoje a melhor forma de gerar renda passiva e conquistar a independência financeira e posso afirmar que essa conquista é o grande segredo dos milionários.

Sem nenhuma forma de geração de renda passiva, possivelmente a pessoa até chegue à sua aposentadoria com certo patrimônio, mas infelizmente dependerá da previdência social para obter o seu sustento e dificilmente conseguirá manter o padrão de vida que um dia sustentou. Chegar a essa conclusão é algo transcendente e é justamente a ideia que está revolucionando o mercado, fazendo-o crescer cada vez mais.

Por isso, quero destacar o elemento que talvez seja o pilar principal, que dá sentido ao conceito de renda passiva como um todo e que é exatamente o que monta o caminho do investidor para sua independência financeira: **os juros compostos.**

Mas o que são os juros compostos? Basicamente, eles se caracterizam pela adição de juros à soma principal de um empréstimo ou depósito. Em outras palavras, é o resultado do reinvestimento dos juros. Então, o investidor vê seu dinheiro aplicado em um ativo render uma quantia, mas decide reaplicar este rendimento e então, os juros rendem não mais referente ao montante inicial, mas sim ao montante que já conta com o acréscimo do que foi rendido.

Vamos fazer uma ilustração do funcionamento dos juros compostos com a simulação de uma aplicação, usando números. Então, suponhamos que o investidor aplicou inicialmente R$ 20.000,00 no mercado financeiro tradicional e continuou fazendo aportes mensais de R$ 500,00, gerando uma rentabilidade média de 0,5% ao mês (a qual considero bastante comum e justa nesse mercado). Contando com os juros compostos, ao final de 10 anos, esse investidor teria R$118 mil e já estaria com um rendimento médio equivalente a pouco mais que o aporte que faz mensalmente (R$500,00).

Agora, vamos supor que esse investidor tenha um grande apetite ao risco e estivesse aplicando com esses mesmos valores, porém nas finanças descentralizadas. Com a DeFi, ele certamente consegue um rendimento médio, não de 0,5% e sim de cerca de 1 a 5%. Se fizermos este cálculo e contando com os juros compostos a uma taxa de 3%, chegaremos ao resultado de R$1,2 milhão em 10 anos, com os mesmos R$20.000,00 iniciais e aportes mensais de R$500,00.

Vale lembrar que o investidor precisa entender que não existe almoço grátis no mercado financeiro, que quanto maior a rentabilidade mensal, maior é o risco e que deve sempre estar atento à sua exposição no mercado e quando se fala em criptomercado, essa exposição não deve ultrapassar 25% de toda a sua carteira de investimentos. Esse alerta sempre será reforçado por mim, porque a diversificação é exatamente o elemento que aumenta a segurança do investidor no mercado.

Eu jamais recomendaria que alguém aplicasse toda a quantia que tem disponível para investimentos nas finanças descentralizadas. Afinal, a defi é uma opção para obter rendimentos mais altos que a inflação e que o mercado financeiro tradicional, mas nunca contarei somente com ela.

3 FORMAS DE GERAR RENDA PASSIVA NA DeFi

Como as finanças descentralizadas dão muitas possibilidades ao investidor, além dos subnichos variados de mercado a que ele tem acesso, há variedade também nas formas e estratégias ao fazer esses investimentos. E antes de apresentar as três formas mais estratégicas para gerar renda passiva no mercado das finanças descentralizadas, vou apontar o caminho que deve ser feito para colocar em prática qualquer uma delas.

O **primeiro passo** é abrir uma conta na plataforma da Binance, porque é ela quem vai receber o dinheiro que você envia, os aportes de suas finanças pessoais, da sua conta bancária (centralizada) separados para investir na **DeFi**, e é dela que você vai repassar a quantia para a plataforma descentralizada e fazer o investimento.

O **segundo passo** é baixar para o seu navegador de internet a extensão para criar a sua carteira digital na plataforma descentralizada. No caso, é essa carteira digital que irá receber o investimento que você vai enviar da Binance.

Já com sua carteira digital ativada pela criação de sua senha e letras cedidas pela plataforma, você pode entrar no **terceiro passo,** que é iniciar as operações de fato, que consistem na compra dos ativos, e se beneficiar com a valorização deles.

Sabendo disso, vou apresentar as três principais estratégias para operar dentro das finanças descentralizadas.

1. Staking: É uma forma de gerar renda passiva com criptomoedas e refere-se a uma atividade em que um investidor bloqueia ou mantém seus fundos em uma plataforma para participar da manutenção das operações de um sistema de blockchain proof of stake, ganhando recompensas pelas mesmas, sendo que seu retorno será proporcional ao capital investido. Resumindo, você automaticamente gera renda passiva pelo simples fato de estar contribuindo com a escala do ecossistema da moeda em diversos aspectos, como por exemplo: validar transações, garantir a estabilidade da rede, adicionar novos blocos na rede, atualização da blockchain.

2. Yield Farming: Preciso confessar que esta é uma das estratégias de renda passiva que mais me agrada dentro das finanças descentralizadas e creio que depois que eu explicar mais sobre elas, você vai entender porque eu gosto tanto. Pode-se dizer que o Yield Farming é o processo pelo qual se fornece liquidez a uma corretora descentralizada depositando um par de criptomoedas em um pool de liquidez em troca das taxas dos trades. Vamos ilustrar com uma simulação, suponhamos que um Trader queira comprar ou vender Ethereum, para ele conseguir efetuar sua operação com sucesso em um protocolo, é necessário que um provedor de liquidez tenha criado e "bloqueado" um par de criptomoedas em uma piscina de liquidez que possua Ethereum na paridade, caso contrário o trader não conseguirá fazer uma operação de venda nem de compra com sucesso, pois não haverá liquidez existente. O custo de oportunidade do provedor de liquidez de ter travado um par de criptomoedas em uma piscina de liquidez é a renda passiva que ele ganha proveniente das operações dos traders. Os rendimentos gerados no yield farming costumam ser bem generosos, pagando de 20% ao ano a mais de 500% ao ano, o que atrai o capital de qualquer ganancioso. O que o investidor precisa ter em mente é que protocolos e criptoativos jovens e desconhecidos em busca de atrair capital para crescer e se financiar acabam pagando mais aos investidores, porém estará aliado a um risco maior, pois ainda não foi provado pelo tempo; basicamente não existe almoço grátis aqui nessa modalidade, e qualquer paciência para se analisar uma cripto e o protocolo é pouca.

3. Lending: Imagine poder fazer empréstimos – como beneficiário ou credor – sem precisar de intermediários financeiros e até mesmo conseguir negociar as taxas de forma direta entre as partes. Pois é exatamente isso que a prática do lending permite. Também conhecida como "***P2P Lending***" ("peer to peer lending" ou "empréstimo de pessoa para pessoa", em uma tradução mais livre), essa prática implica em justamente permitir que alguém que precisa de um empréstimo tenha acesso ao dinheiro sem precisar passar pelas burocráticas avaliações de grandes instituições financeiras.

Obviamente que como estamos expondo aqui o ponto de vista do investidor, vou apontar as vantagens e desvantagens dessa prática para a pessoa que decide emprestar seu dinheiro para se beneficiar dos juros pagos devido a esse empréstimo.

VANTAGENS	DESVANTAGENS
É possível obter lucro disponibilizando capital para ser emprestado;	O retorno obtido pelo investidor pode ser abaixo da performance do mercado, a depender da taxa determinada no contrato de empréstimo.
Todas as operações podem ser feitas através da plataforma online;	É necessário, muitas vezes, pagar taxas por transação para a plataforma, o que pode tornar o empréstimo desinteressante para ambos os lados.
É possível emprestar sem precisar entrar em contato com o beneficiário.	

GESTÃO DE RISCO NA DeFi

Bem, como eu sempre considero indispensável a gestão de risco para qualquer área de investimento financeiro, obviamente que desenvolvi um método também para as finanças descentralizadas, que já transformei em treinamento e chamo de "**Milionário com Defi**".

Este método é totalmente focado em levar o investidor a ter o máximo de aproveitamento de seu gerenciamento de risco, sem deixar de lado a rentabilidade mensal que as finanças descentralizadas possibilitam. Sendo assim, como a pessoa pode gerenciar o risco nas finanças descentralizadas?

Em **primeiro lugar**, é preciso o investidor ter sempre em mente que 50% de todos os seus investimentos em criptomoedas precisa estar em stablecoins, como USDC,

USDT e algumas outras que se mantêm sempre nas primeiras posições do ranking de **MarketCapt das Stables** do criptomercado. Os outros 50% podem estar investidos no que chamamos de "altcoins" (alternative coins), que são as criptos não tão estáveis, mas ainda com possibilidade de valorização, devido à volatilidade.

A razão de haver essa divisão da carteira de investimentos no geral tem como objetivo dar mais segurança para o investidor diante das oscilações do mercado de criptomercado – o que também envolve as finanças descentralizadas.

Suponhamos que em um cenário mais caótico, todas as altcoins desse investidor sofram uma desvalorização brusca. Obviamente que esse não é um motivo de celebração, mas também não é razão para desespero, pois ele pode continuar contando com suas stablecoins, que sofrem significativamente menos com as oscilações do mercado, se comparadas às altcoins.

Em **segundo lugar**, a escolha dessas altcoins não deve ser aleatória. Afinal, não é pelo simples fato de ser uma criptomoeda alternativa que o trader vai investir nela. Qualquer projeto de criptomoeda (principalmente altcoins) – por mais "bem recomendada" que seja – precisa passar por uma análise do trader. E para ajudar nessa "triagem", recomendo o uso do site internacional Coinmarketcap.com. Com ele é possível saber todos os dados sobre os projetos de criptomoedas disponíveis no mercado.

Em **terceiro lugar**, recomendo que o investidor tenha o dinheiro diversificado em pelo menos 10 plataformas e protocolos diferentes. Sempre dou esta orientação no meu treinamento, porque o maior risco nas finanças descentralizadas é justamente que o protocolo seja hackeado.

Com isso, se o investidor tiver o capital diversificado em 10 plataformas diferentes, mesmo que uma delas seja hackeada, ainda pode contar com outras 9 rendendo e sempre se beneficiando pela variedade de ativos nessas carteiras. Ao final das contas, supondo que esse investidor tenha basicamente a mesma quantidade de ativos em cada protocolo, caso uma delas seja hackeada, seu prejuízo foi de 10%, o que é aceitável em um caso desse tipo.

Como nas finanças descentralizadas ele conta com uma rentabilidade mensal de 1 a 5%, será possível se recuperar desse golpe em cerca de 1 ou 2 meses, no máximo. Essa possibilidade de rápida recuperação só reforça as vantagens da alta rentabilidade da DeFi aliada à variedade de carteiras. Juntos, esses fatores só deixam o investidor ainda mais seguro para colocar parte de seus investimentos de forma bem distribuída nas plataformas descentralizadas.

Ao final dessa jornada por tantas estratégias e métodos, o que quero destacar é que não existe um método melhor que o outro em qualquer contexto. Cada estratégia vai ter o seu valor em seu devido momento e, provavelmente, vão até somar forças em alguma circunstância.

A análise técnica vai potencializar os investimentos de DeFi do investidor, por exemplo, porque é justamente com a leitura dos gráficos que é possível identificar as melhores criptomoedas para comprar e para vender no momento certo, enquanto as finanças descentralizadas possibilitam uma renda passiva maior que o mercado financeiro tradicional.

Da mesma forma, o mercado financeiro tradicional também não pode ser desprezado, porque nele é possível diversificar em outras classes de ativos, consequentemente trazendo mais robustez em sua carteira global de investimentos.

O gerenciamento de risco segue com a sua relevância firmada como um fator essencial para a sobrevivência do trader no mercado e, em diversos momentos, precisa estar de mãos dadas com uma boa administração das emoções.

Não olhe para nenhum dos capítulos desse livro isoladamente, mas sim para cada um deles como parte da sua mesa de trabalho, que acabou de ser apresentada a você, leitor, como um novo trader, de forma que lhe incentive a começar suas operações com muito mais aproveitamento.

SE CONECTE COMIGO

Mais do que um destaque no meu desempenho como trader, minha jornada também tem sido marcada pela construção de uma autoridade na área e o desejo de ensinar cada vez mais investidores a operar no mercado de criptomoedas (e também em DeFi) com o máximo de aproveitamento possível.

Nessa jornada, tenho compartilhado conhecimento não apenas em meus treinamentos e mentorias, mas também em meus canais das redes sociais (YouTube e Instagram) e no meu podcast, que já está disponível no Spotify e em outras plataformas.

Para mim será uma honra recebê-lo em meus treinamentos ou mentorias online, como também contar com a sua participação nos canais que disponibilizo, porque os conteúdos expostos em cada um deles se complementam e quanto mais conhecimento nós trocarmos, mais autonomia será desenvolvida para alcançarmos nossos objetivos com mais velocidade.

Fato é que contar com a vivência de um professor nessa jornada no criptomercado é de grande ajuda, porque você vai contar com o conhecimento de quem já desmatou grande parte do caminho e até mesmo já tem uma série de erros e acertos para te mostrar e te possibilitar que sua evolução no mercado seja muito mais rápida.

Sempre que eu crio um método, acabo pagando o preço de desbravar um caminho desconhecido e até mesmo perder dinheiro para descobrir o que vale e o que não vale a pena, o que funciona e o que não funciona. Após essas descobertas, elaboro e organizo o método para levar ao aluno estratégias mais sólidas e de eficácia comprovada, de modo que ele possa encurtar sua curva de aprendizado.

Confesso que essa jornada não foi feita apenas de sorrisos. No início de tudo eu não tinha uma equipe. Tinha de gravar, editar meus vídeos e também elaborar o meu conteúdo sozinho. Mas por outro lado, não me arrependo de ter investido tanto para compartilhar o meu conhecimento, porque é muito gratificante saber que estou cooperando cada vez mais com as pessoas a mudarem sua vida financeira para melhor, e mais, ensinando sobre o meu trabalho, pelo qual tenho verdadeira paixão.

FALAAAA TUBARÕE$$$$...

Os resultados do criptomercado aliados às estratégias que ensino em meus treinamentos e mentorias não são simplesmente a dica de um "guru", mas sim ensinamentos embasados e de eficácia comprovada.

Neste último capítulo não existe depoimento, pois acredito que o depoimento será seu após experimentar o universo dos investimentos nas criptomoedas. O desafio acreditando no seu potencial e no seu sucesso ao seguir as instruções que disponibilizo para um investimento com resultados e seguro. Seu depoimento pode ser enviado para o e-mail e contatos que constam na última página deste livro.

NÃO DEIXE O DINHEIRO NA MESA... A HORA É AGORA!

Bem, visto que há tantas possibilidades no universo das criptomoedas, envolvendo tanto o mercado financeiro tradicional, quanto as finanças descentralizadas, quero ressaltar que o fator principal que valida cada vez mais o poder desses investimentos é exatamente o uso dos juros compostos. E a única variável que torna esse rendimento totalmente exponencial é nada mais que um elemento muito precioso para qualquer ser humano e nem sempre tão valorizado: o **tempo**.

Há um comparativo que posso expor aqui para ilustrar esse conceito de forma muito clara. Vamos supor que dois investidores (A e B), com a mesma idade, usem 10 mil reais, cada um, com a mesma estratégia e a mesma porcentagem de rendimentos, fazendo uso dos juros compostos. Porém, o investidor A começou a fazer suas operações e investimentos 10 anos antes do B.

Quando esses dois investidores chegarem aos 60 anos de idade, o A terá um patrimônio muito maior que o B. Por isso, eu sempre reforço que o momento de começar a investir é agora e se você não aproveita o tempo, está deixando dinheiro na mesa, em vez de colocá-lo no seu bolso. Para cada ano postergado, a vida vai cobrar lá na frente.

Eu comecei a investir com 23 anos sem dinheiro algum, tendo que vender um xbox para começar. Há quem diga que é "cedo", mas com o entendimento que eu tenho hoje sobre os juros compostos, sei que já poderia ter começado aos 18 – ou até mais cedo que isso – porque não é preciso grandes quantias para começar.

Concordo que existem muitos mitos a respeito do mercado financeiro tradicional e também do criptomercado. Muitos acabam esperando juntar grandes quantias para começar ou ficam esperando "a grande oportunidade" e depois se encontram enganados por promessas milagrosas de lucros astronômicos.

Mas a verdade é que o tempo se torna o melhor exponencial para alavancar os investimentos, não somente em razão dos juros compostos, mas também pela experiência que o investidor acaba adquirindo ao longo de sua jornada.

Entre outras verdades, essa experiência só vai te mostrar que não existe almoço grátis e que o ganho nesse mercado pode começar pequeno, mas com paciência, dedicação e as emoções bem administradas, o caminho para sua independência financeira se torna cada vez mais prazeroso e seu objetivo cada vez mais próximo.

Por isso, nunca tire da sua mão o poder de ser o protagonista no mercado de criptomoedas, ou seja, nunca delegue ou terceirize o seu dinheiro na mão de terceiros, não existem atalhos e sim estudo, paciência e dedicação.

Por isso, saiba que você pode sempre contar comigo nessa jornada. Me acompanhe em meus perfis e canais das redes sociais, porque eles estão sempre atualizados com conteúdo de ótima qualidade. E caso você queira acelerar ainda mais o seu processo, mas de forma bem embasada, se matricule em algum dos meus cursos ou na minha mentoria. Tenho certeza de que não irá se arrepender.

Vem comigo investir no mercado financeiro que mais se valoriza no mundo...

Método 1000x

Curso Trader Crypto Expert

Mentoria Rentabilidade Extrema

APRESENTAÇÃO DO AUTOR E SEU CONTATO

Alexandre Bianchi é trader, investidor e especialista no mercado de criptomoedas, criador e autor do livro Manual do Criptoinvestidor. É o CEO da Bianchi Negócios Digitais, uma empresa de educação e tecnologia voltada a soluções para o mercado de criptoativos. É fundador dos cursos Método 1.000x, Trader Crypto Expert, Método Milionário com DeFi, Mentoria Rentabilidade Extrema. Seus conteúdos gratuitos no Youtube e Instagram alcançam semanalmente mais de 100 mil pessoas. Formado em Administração de Empresas e com MBA pelo Ibmec, também atua como palestrante e ministra seminários sobre o mercado de criptomoedas.

CONTATO:

contato@bianchinegociosdigitais.com.br

Conheça minhas mídias sociais e outros produtos, etc.

VERMELHO MARINHO